普通高等教育精品课程教材

现代教育技术

（上册）

主　编○田密娟

副主编○唐前军　　付　蓉　　王建军

西南财经大学出版社
Southwestern University of Finance & Economics Press
中国·成都

图书在版编目(CIP)数据

现代教育技术.上册/田密娟主编;唐前军,付蓉,王建军副主编.--成都:
西南财经大学出版社,2024.7--ISBN 978-7-5504-6227-4

Ⅰ.G40-057

中国版本图书馆 CIP 数据核字第 2024WU4923 号

现代教育技术(上册)

XIANDAI JIAOYU JISHU(SHANGCE)

主　编　田密娟
副主编　唐前军　付　蓉　王建军

策划编辑:邓克虎
责任编辑:周晓琬
责任校对:邓嘉玲
封面设计:何东琳设计工作室　张姗姗
责任印制:朱曼丽

出版发行	西南财经大学出版社(四川省成都市光华村街 55 号)
网　　址	http://cbs.swufe.edu.cn
电子邮件	bookcj@swufe.edu.cn
邮政编码	610074
电　　话	028-87353785
照　　排	四川胜翔数码印务设计有限公司
印　　刷	郫县犀浦印刷厂
成品尺寸	185 mm×260 mm
印　　张	9.375
字　　数	215 千字
版　　次	2024 年 6 月第 1 版
印　　次	2024 年 6 月第 1 次印刷
印　　数	1— 3000 册
书　　号	ISBN 978-7-5504-6227-4
定　　价	32.00 元

▶▶ 内容提要

《现代教育技术（上册）》源自编者团队 10 余年的教学实践与科学研究总结。本教材以普及现代教育技术的基础知识、基本理论、基本应用与实践为宗旨，以要求学生掌握现代教育技术的教育应用为目的，旨在推广信息化教育理念，改革创新教师教育模式，以满足信息化背景下教师教育培养的要求。

本书主要内容包括：教育技术基本理论、教学媒体及环境、信息化教学设计及案例、计算机辅助教育四个部分。教材内容设计方面在介绍教育技术基本概念和基本理论时深入浅出，简明扼要；在介绍信息化教学设计时注重与学科融合；在介绍信息化教学环境、教育技术应用以及计算机辅助教育时强调实践性和前瞻性。教材内容配套有线上的慕课资源，具有较强的操作性和指导性。

本书可以作为高等师范院校本、专科师范类学生的教师教育类公共课教材，也可作为在职人员教师教育以及信息技术人员的培训教材，还可供各类学校教师、教育技术工作者和教学管理者阅读参考。

▶▶ 前言

百年大计，教育为本。教师是教学的重要参与者、设计者，是立教之本、兴教之源。近十年是科学技术迅猛发展的十年，也是教育信息化快速发展和教学模式探索与转变的十年，移动教育、线上教学、智慧教育、云教育、教育融合、大数据、人工智能与教育、深度学习、知识图谱、教育数字化……涌现出大量教育新思想；国家教育部门这十年也相继出台了各种政策文件以促进教育信息化的探索和发展，党的二十大更是首次把"推进教育数字化"纳入了二十大报告。由此可见，信息化背景下教师的信息化教学与学习能力也成为新时期教师职业素养的重要构成之一，是教师的必备能力之一。

现代教育技术课程作为深化教育改革的突破口和制高点，是高等院校师范专业学生的一门教师教育类公共必修课，在教师的职前与职后教育中都具有十分重要的意义，是构筑学习型社会的重要手段和途径，是教师队伍教育信息化能力发展的前沿阵地。因此对每个师范生来说，学习、掌握和运用现代教育技术十分重要。师范生的职业化培养重点包括三个模块：通史教育模块，主要解决通史知识和一般能力的问题；专业知识模块，主要解决"教什么"的知识与能力问题；教师教育模块，主要解决"怎样教"的知识和能力问题。本教材主要负责完成师范生培养第三个模块的任务，是解决"怎样教"的知识学习和能力训练的教材。

教育技术有着丰富的研究内容和广阔的应用领域，尤其是在当前的教育形势下。作为师范专业的教师教育类公共必修课，其课程也同样具有丰富的内容体系。根据普通二本类高等师范院校学生的学科特点，我们把师范专业学生分为三种：文科类、理科类和艺体类。本书作为系列教材中的上册，是所有师范专业学生的公共必学部分。

21世纪以来，尤其是2010年以来，教育技术发展迅速，变革了教师的教与学生的学，涌现出了大量的新观念、新技术、新媒体、新手段，故编写适应变化的教材具有

· 2 ·

必要性与迫切性。为了帮助师范专业的学生全面、高效地构筑教育技术知识结构和能力结构，我们组织编写了此教材。此教材是编者们在 2013 年编写的《现代教育技术（上册）》教材基础上根据教育部最新要求编撰的，本书在传承教育技术学科基本概念、基本理论时推陈出新、深入浅出，以符合新时期教育技术学科特点和师范生公共课的学习需求，同时紧扣教育技术当前发展特点，融入了大量的新观念、新技术和新应用。教材在内容的组织编写上严格按照教育技术的研究对象（学习过程与学习资源）和研究范畴（设计、开发、利用、管理和评价）来统筹规划。全书共分为四章，第一章为教育技术的基本理论，主要包括教育技术的形成与发展、基本概念、基本理论、教育技术的应用；第二章为教学媒体及环境，主要包括常规现代教学媒体技术和线上信息工具；第三章为信息化教学设计及案例，主要包括教学设计的基本概念、应用以及典型的教学设计模式和案例；第四章为计算机辅助教育，主要包括计算机辅助教育的发展和组成、计算机辅助教学、计算机管理教学、数字化教育资源的设计技术和评价技术。本书可作为高等院校师范专业学生"现代教育技术"课程的教材，也可以作为相关教学人员和教辅人员的自学参考用书。此教材目标是使学生理解教育技术的基本概念和基本理论、熟练掌握教育技术的基本技能及应用；在此基础上发展起一定的教育技术与学科相融合的信息化教学能力，为后期的学科教学法课程以及教育实习打下坚实的基础；培养学生信息化环境下的自主学习能力、协作学习能力、创新能力，从而达到运用教育技术解决实际教育问题的目的。

本教材具有如下鲜明特色：

一、内容选择上凸显实用性

与同类教材相比较，本书凸显实用性。现代教育技术是一门应用性很强的课程，我们在编撰教材时尽量避免理论的晦涩、难懂，深入浅出地呈现教育技术理论框架，辅以对概念和理论的剖析，同时结合大量的学科研究成果和教学实践案例来凸显教材的实用性，争取做到通俗易懂。教材在内容编排上适合理论教学与实践活动同堂开展，这也可以避免一般的理论学习枯燥、与实践脱节的问题。本教材把要求学生掌握的各知识点尽可能地融入到典型的案例、课例中，学生通过案例的研习，能快速地领会原理的应用方法、掌握操作技能。

二、内容设计上重视学科融合

教育技术的应用离不开与学科的融合。教育信息化背景下，师范生对现代教育技术的认识和应用程度，以及与学科融合创新的应用程度，将直接影响到我国教育信息化乃至教育现代化的进程。如果师范生在学习期间就能受到系统化的信息化教学实践训练，初步具备将教育技术运用于学科教学的意识和能力，掌握一定的数字化教学资源设计、制作和评价的方法和手段，那么，他们走向工作岗位后就能起到较好的示范带头作用，成为推动教育现代化的中坚力量。我们在教材章节编排上注重教育技术的的应用流程，内容设计上强调与基本学科的融合，教学实践中更是重视与学科相融合，本教材在教学中适宜采用项目驱动的模式，每个章节学习后都可以设计一个与章节内容对应的项目任务，且任务强调与学科相结合。

三、编写体例上注重逻辑性

为了方便教师的"教"和学生的"学"，教材每章开篇都设计有内容提要和思维导图，梳理了这一章的脉络主线，便于在学习中把握知识的整体结构。章后有思考与练习，便于课后复习、实践迁移和总结提高。

本书由田密娟主编并负责统稿，唐前军负责审校。具体编撰成员及分工如下：第1章由唐前军执笔，第2章由王建军执笔，第3章由付蓉执笔，第4章由田密娟执笔。乐山师范学院汪红烨教授对整个教材的编写提出了指导性意见；张波、王婕、黄陈英、张艳老师对教材的框架设计做了大量的工作，提出了很多宝贵的修改意见。本教材的编写与出版也得到了乐山师范学院教学部、教育科学学院等部门的大力支持。另外，本书稿编写过程中也引用和借鉴了一些专家与学者的著作和观点，引用、借鉴了他人的研究成果和教学成果，难以一一罗列，在此一并致以衷心的感谢！

本教材的使用要以大学信息技术基础课、心理学、教育学的相关知识为基础，教材配套有教学大纲、教学计划、教学课件、典型案例、教学资源等，学习者可以通过访问乐山师范学院官方网站中的在线课程链接来获得，也可以通过电子邮件 tianmj@lsnu.edu.cn 与我们联系获取。

尽管我们尽了最大努力编写本教材，但限于编者的学识与经验，不足之处在所难免，敬请读者批评指正。

作　者

2023 年 12 月

▶▶ 目录

62 / 3　信息化教学设计及案例

94 / 4　计算机辅助教育

128/ 附录

135/ 参考文献

1

教育技术基本理论

■**内容提要**

本章分为三节：第一节简单梳理了教育技术的发展历史，国外部分主要介绍了美国教育技术的发展历史，国内部分简要介绍了教育技术发展的几个阶段；并结合技术的发展介绍了教育技术的发展现状及趋势。第二节简要介绍了代表性的理论基础，包括教育传播理论和教学理论，其中教学理论中主要介绍了行为主义、认知主义和建构主义。第三节从现代教育技术的应用领域出发，介绍了现代教育技术的课程作用和意义。

本章思维导图

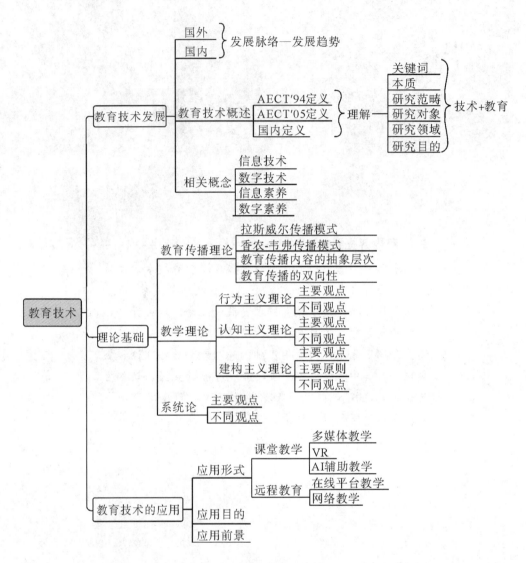

1.1 教育技术的发展

　　了解一门学科或学习一门课程都需要知道它的发展历程，当然教育技术也不例外。随着现代科学技术的发展，教育中引入了越来越多的科学技术，教育技术应运而生。教育技术是作为一门学科出现的，它也是一门非常年轻的学科。国外教育技术是从 19 世纪的视觉教育发展来的，而国内的教育技术则是从国外引入的。

1.1.1 教育技术在国外的发展

　　教育技术的出现可以追溯到 17 世纪，捷克教育学家夸美纽斯首开先例引入有插图的教科书，这样的直观教学法可以看作是教育技术的早期雏形，同时也为技术在教育中的应用奠定了早期的基础。

教育技术的出现和发展离不开科学技术的支撑，由于美国现代科学技术的发展走在其他国家的前面，所以教育技术作为一门学科最早在美国出现。因此，在这里以美国为例介绍教育技术的发展历程。

1. 远程教育的起源

教育技术的历史可以追溯到远程教育的概念，远程教育是通过邮寄教材和书信来实现教育。19 世纪末，美国农村地区和偏远地区的居民面临着教育资源匮乏的问题。为了解决这一问题，一些学校和大学开始通过邮寄课程材料和考试资料，使学生能够在家学习。这被视为远程教育的萌芽。1883 年，伊利诺伊大学推出了"Chautauqua 教育运动"，这是一种通过邮寄教材和考试资料来推广教育的先驱模式。随后，美国的其他高校也采用了这种模式，为更多人提供了受教育的机会。

2. 电视教育的兴起

20 世纪中叶，电视成为一种新的教育工具。这一时期，一些国家开始制作教育节目，在电视上传播知识。英国的 BBC 和美国的 PBS 等广播公司开始制作教育性的电视节目，如"Sesame Street"和"Blue Peter"。这些节目旨在吸引儿童和年轻观众，通过娱乐和教育相结合的方式传递知识。1960 年，美国政府通过《教育电视改进法案》（"Educational Television Improvement Act"）为电视教育提供了资金支持，进一步推动了电视教育的发展。电视成为一种重要的教育工具，尤其是在偏远地区和发展中国家。

3. 计算机辅助教育的崛起

20 世纪 70 年代末和 80 年代初，个人计算机的兴起引领了教育技术发展的新阶段。计算机辅助教育（Computer-Based Education，简称 CBE）成为一个热门话题，教育界开始探讨如何利用计算机来提高学习效果。1978 年，美国的苹果公司推出了 Apple II 电脑，这是一台广受欢迎的个人计算机，它为教育领域提供了创新的机会。与此同时，Logo 编程语言也被开发出来，旨在帮助儿童培养计算思维能力。

4. 互联网和在线教育的革命

20 世纪 90 年代末和 21 世纪初，互联网的普及彻底改变了教育。互联网使教育资源变得更容易获取，促使在线教育平台兴起。这一时期重要的事件有：麻省理工学院启动了"开放式课程计划"（Open Course Ware），将大量课程材料免费发布在互联网上，鼓励知识共享。麻省理工学院和哈佛大学共同创立 edX，这是一个非营利性的在线教育平台，旨在提供高质量的大规模在线课程。视频网站 YouTube 成为播放学习和教育视频的主要平台，教育内容创作者开始利用这个平台分享知识。苹果公司发布第一代 iPhone，开启了智能手机时代，为移动学习奠定了基础。

5. 移动学习和应用程序的崛起

随着智能手机和平板电脑的普及，移动学习成为教育技术的新趋势。学生可以随时随地使用移动应用程序访问教育内容，这为学习提供了更大的便利性。这一阶段的一些关键事件包括：iPad 发布，这是一款受欢迎的平板电脑，为教育应用程序提供了更大的市场。谷歌推出了谷歌教育（Google for Education）套件，包括谷歌应用程序和云存储，为学校提供了强大的在线协作工具支持。可汗学院（Khan Academy）的在线数学教育资源得到了巨大的关注和支持，推动了在线数学教育的发展。

6. 在线教育的多样化

21 世纪初，在线教育的功能和信息不断多样化，提供了更加丰富的多媒体元素和更多样化的互动。虚拟现实（VR）与增强现实（AR）等新技术也开始被应用于教育研究和实践，为学生提供更沉浸式的学习体验。这一时期的关键事件包括：Coursera 和 Udacity 等在线教育平台大规模开放在线课程（MOOCs）。平台兴起，为全球学生提供了免费或低成本的大规模在线课程。谷歌发布了谷歌卡板（Google Cardboard），这是一种低成本的虚拟现实头戴式设备，用于教育和娱乐。微软发布了 HoloLens，这是一款增强现实头戴式设备，被广泛应用于教育和培训领域。

7. 数据驱动教育和个性化学习

现代教育技术强调数据分析和个性化学习。学习分析工具和学生信息系统可以帮助教育机构更好地了解学生的需求，并提供针对性的支持和建议。具有典型代表的事件如：美国政府提出"学习分析挑战"（Learning Analytics Challenge），鼓励教育领域利用数据分析来改进学习和教育；以及个性化学习倡议（Personalized Learning Initiative），推动更多美国学校采用个性化学习方法，以满足不同学生的需求。IBM 公司的 Watson 教育项目利用人工智能和认知计算来提供个性化的教育体验。

8. 开放教育资源和教育创新

开放教育资源的概念促进了教育内容的共享和开放获取，这意味着教材、课程和资源可以免费或低成本提供给全球范围内的学生和教育者。关键事件包括：麻省理工学院的 Open Course Ware 项目开始将课程材料免费发布在互联网上，为开放教育资源运动提供了先驱性支持；2012 年全球开放教育资源大会在巴黎举行，吸引了来自世界各地的教育者和政策制定者，推动了开放教育资源的全球传播。

1.1.2　教育技术在国内的发展

我国教育技术的形成和发展受到美国的影响较为明显。教育技术在美国的出现开始于视听教育，在我国产生的标志是"电化教育"这一术语的出现。我国正式使用电化教育这一术语始于 1936 年。当时，教育部举办电化教育人员的训练班，由各地方选派学员参加。自此，各级各类教育行政部门也陆续开始使用电化教育这一说法。

1. 远程教育时期

该时期大约是 20 世纪初到 20 世纪末，包括早期的远程教育和电视大学的出现。教育技术在中国的发展可以追溯到 20 世纪初，当时远程教育是通过邮寄课程材料和书信来实现的。这种方式为无法获得常规教育的人们提供了学习机会。最早的尝试之一是 20 世纪 30 年代的"广播学校"，通过广播电台播放教育节目，为农村地区的学生提供教育资源。

20 世纪 80 年代，我国引入了电视大学模式，使成千上万的学生能够通过电视课程获得高等教育。这一模式允许学生在家中观看课程，并在当地教育中心参加考试，进一步扩大了高等教育的覆盖范围。电视大学的兴起是中国远程教育的重要里程碑。

2. 互联网教育时期

该时期主要指 20 世纪 90 年代末到 21 世纪初。在这一时期，我国开始大规模引入互联网。互联网的发展为教育技术提供了新的机遇。学生和教育者可以通过互联网获取信息和资源，而不再局限于传统的纸质教材。

21世纪初，我国的在线教育平台开始崭露头角。一些知名的在线教育公司，如新东方在线、好未来旗下的猿辅导等推出了在线课程，为学生提供了灵活的学习方式。这些平台提供了多样化的课程，涵盖了各个学科和年龄段。

为了推动在线教育的发展，中国政府于2014年发布了《关于加强和改进远程教育工作的指导意见》，明确了政府对在线教育的支持和鼓励。政府还提供了一系列政策支持，鼓励学校和教育机构开设在线课程。

3. 移动学习的兴起

随着科技的发展，移动设备在2010年开始出现，催生了移动学习。随着智能手机的普及，移动学习成为我国教育技术领域的关键趋势。学生和教育者可以随时随地使用手机和平板电脑访问教育资源，这为学习提供了更大的便利性。

国内的一些教育技术公司开始推出移动应用程序，以满足学生的学习需求，如学而思网校、作业帮、钉钉课堂等提供了在线课程、练习题和学习社区，吸引了数百万用户。

4. 数据分析和人工智能时期

该时期主要指2016年至今，我国的一些教育技术公司开始利用大数据和人工智能技术，实现个性化学习。这些技术可以分析学生的学习习惯和需求，为他们提供定制化的教育体验。

教育大数据分析在我国的教育领域得到了广泛应用。学校和教育机构可以利用数据分析工具来跟踪学生的表现，提供及时的反馈和支持。此外，教育大数据还用于教育政策制定和教学改进。

5. 虚拟现实和增强现实的教育应用时期

该时期主要指2016年至今，我国的一些学校和教育机构引入了虚拟现实实验室，以提供更丰富的学习体验。学生可以通过虚拟现实技术参与科学实验、历史考察和艺术创作等活动，增强他们的互动性和参与度。

增强现实技术也开始应用于教育。增强现实技术利用一些应用程序和设备为学生提供更多的学习资源和互动体验。这些应用可以将虚拟元素融入到现实世界中，提供更生动的学习内容。

6. 在线教育国际化时期

该时期主要指2016年至今，我国的一些在线教育公司开始将目光投向国际市场，为全球范围内的学生提供课程和学习资源。这些公司在全球范围内推广中国的语言和文化，吸引了国际学生的关注。

1.1.3 教育技术的发展脉络

从上述国内外教育技术各个具有代表性的发展阶段可以看出，每一个阶段都离不开科学技术的发展和支撑作用。电视机的出现和普及催生了电视教育的出现；计算机的诞生促使了计算机辅助教育和程序教育的出现；互联网技术的出现使得网络教育、远程教育、在线教育、开放教育等学习形式应运而生；移动通信和设备的出现则促进了移动学习、个性化学习等学习模式的变革。

从上述教育技术的发展规律中可以粗略归纳出三条发展脉络：

其一，技术的进步促进了个别化教学的发展。个别化教学是一种适合个体学习者不同需要和特点的教学。计算机辅助教学的研究与应用始于1959年，美国IBM公司设计了第一个计算机教学系统，借助一台IBM 650型计算机和一台打字机，向小学生教授二进制算术。

其二，早期的视听教学促进了教育技术的发展。在20世纪初，在技术背景和教育思想的影响下，视觉教学开始出现并发展。20世纪20年代末，又出现了有声电影和广播技术，它们应用于教学促使视觉教学逐步过渡到视听教学。

其三，教学系统方法的发展促进了教育技术理论核心，即教学系统设计的诞生。教学系统方法是一种系统地设计、实施和评价教与学全过程的方法。20世纪20年代，芝加哥大学的博比特和查特斯倡导用实验方法来解决教学问题。教学系统方法得到较大发展则是在20世纪60年代以后，是在程序教学的开发模式、行为科学和一般系统论的影响下逐渐形成发展的。

上述三条发展脉络虽然在发展方向和起源上不同，但都与"视觉教学—视听传播—教育技术"这一发展轨迹有关，其间，媒体教学技术、个别化教学技术、教学系统方法逐步融合为一体。到了20世纪70年代，教育技术已逐渐成为一个系统而完整的领域和学科，教育技术的基本发展和演变过程如图1-1所示。

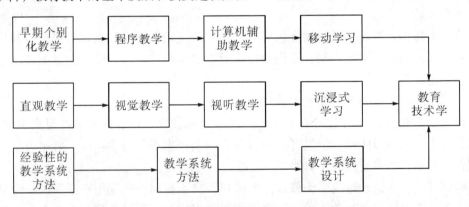

图1-1　教育技术的发展历史

1.1.4　教育技术的发展趋势

教育技术是一个不断演变和发展的领域，它在教育中扮演着日益重要的角色。随着科技的不断进步，教育技术也不断发展，以满足不断变化的学习需求和教育挑战。教育技术将在如下方面继续深入发展：在线学习、个性化学习、增强现实与虚拟现实、人工智能、数据驱动教育、社交学习和可持续教育。

1. 在线学习

随着互联网的普及，在线学习已成为教育技术的主要趋势之一。在线学习平台如Coursera、edX和Khan Academy等不断涌现，提供各种在线课程和学习资源。这种趋势不仅使学习变得更加灵活，还能够满足不同地区和人群的教育需求。未来，我们可以预见会涌现出更多定制化的在线学习内容和更先进的在线学习工具。

2. 个性化学习

个性化学习是一种根据每个学生的需求和能力来调整教育内容和方法的技术。通过使用学习分析和数据挖掘技术，教育技术可以更好地理解学生的学习方式，并提供定制化的学习体验。未来，个性化学习将成为教育技术的核心，帮助学生更高效地学习。

3. 增强现实与虚拟现实

增强现实（AR）和虚拟现实（VR）技术正在逐渐渗透到教育领域。这些技术可以为学生提供沉浸式的学习体验，例如虚拟实验室、历史重演和文化参观。这将有助于学生更深入地理解抽象的概念，并提供更生动的学习体验。

4. 人工智能

人工智能（AI）已经开始改变教育方式。AI 可以用于自动化评估和反馈，为教育者提供个性化建议，甚至为学生提供定制化的教育内容。未来，AI 将继续发挥更重要的作用，帮助学校和教育机构更好地满足学生的需求。

5. 数据驱动教育

教育技术的另一个重要趋势是数据分析。学校和教育机构可以通过收集和分析学生的学习数据来改进教育质量和学术成果。这将有助于发现学生的弱点，提供有针对性的支持，并持续改进教育方法。

6. 社交学习

尽管技术在教育中发挥了重要作用，但社交学习仍然至关重要。教育技术应该鼓励学生之间的合作和互动，以及与教育者的互动。社交学习平台和工具将继续发展，以促进学生之间的互动和协作。

7. 可持续教育

教育技术也在可持续教育方面发挥着重要作用。在线学习和远程教育可以减少对物理资源的需求，降低碳排放。同时，可持续教育也可以帮助个人和组织不断更新他们的技能，以适应不断变化的工作市场。

上述这些趋势将不断改变教育方式，为学生提供更丰富和个性化的学习体验，同时也为教育者提供更多工具和资源，以更好地满足学生的需求。随着科技的不断进步，教育技术的未来将继续充满挑战和机遇。

1.1.5 教育技术概述及相关概念

1. 教育技术的定义

我国教育技术的发展受到美国教育传播与技术协会（Association for Educational Communications and Technology，简称 AECT）的影响较大，该协会对教育技术的定义经历了多次修改，其中对我国影响较广的是 AECT'94 定义和 AECT'05 定义。AECT'94 定义的英文全文如下：

Instructional technology is the theory and practice of design, development, utilization, management and evaluation of processes and resources for learning.

其中文翻译是：教育技术是关于学习过程与学习资源的设计、开发、利用、管理和评价的理论与实践。

AECT'05 定义的英文全文如下：

Educational technology is the study and ethical practice of facilitating learning and improving performance by creating, using, and managing appropriate technological processes and resources.

其中文翻译是：教育技术是通过创造、使用和管理适当的技术和资源来促进学习和提高绩效的学习和伦理实践。

另外，AECT 在 2017 年再次更新了教育技术的定义，其定义的英文全文如下：

Educational technology is the study and ethical application of theory, research, and best practices to advance knowledge as well as mediate and improve learning and performance through the strategic design, management and implementation of leaning and instructional processes and resources.

其中文翻译是：教育技术是通过对学与教的过程和资源进行策略设计、管理和实施，以提升知识，调节和促进学习与绩效的关于理论、研究和最佳方案的研究且符合伦理的应用。

上面三个来自 AECT 协会不同阶段对教育技术所给出的定义，既有共性也有一些差异，简单对比如表 1-1 所示。

表 1-1　三个定义的比较

定义＼维度	AECT'94	AECT'05	AECT'17
术语称谓	教学技术	教育技术	教育技术
研究形式	理论与实践	研究与符合伦理的实践	研究与符合伦理的应用
研究对象	关于学习的	合适的技术性的	学与教的
研究目的	为了学习	促进学习和提升绩效	提升高级知识和调节学习与绩效
研究维度	设计、开发、利用、管理和评价	创造、使用和管理	设计、管理和实施
相同点	1. 研究的基本对象都是过程和资源； 2. 研究的核心目的都是促进学习； 3. 研究的维度都包含了管理； 4. 都强调实践。		

北京师范大学教授、著名教育技术学专家何克抗等人通过对 AECT'05 定义和 AECT'94 定义的对比，并结合目前国内外教育技术研究与应用状况，给出了教育技术学新的定义，表述如下：

教育技术学是通过设计、开发、利用、管理、评价有合适技术支持的教育过程与教育资源，来促进学习并提高绩效的理论与实践（何克抗，李文光，2009）。

2. 教育技术定义的理解

教育技术的定义具有多学科性质，因为它从教育学、心理学、通信和技术等领域汲取了经验。理解这一定义可以帮助教育工作者、教学设计师和研究人员，使他们考虑设计、交付和评估教育经验的理论和实践，在教育技术领域有效地应用。

（1）教育技术定义中的关键词

从上述各个定义可以看出，虽然表述有些差异，但具体内容是大致相同的，基本上都包含如下一些关键词。

①理论与实践：教育技术包括理论原理和实际应用。它将人们如何学习知识与创造有效学习经验所需的技能和工具相结合。

②设计和开发：这方面强调教学材料和经验的创造，包括课程和教育内容、设计课程等。

③利用：这是指如何在教育环境中使用教育技术。它涉及运用技术来加强和促进学习过程。

④管理：管理与教育技术相关的资源和过程是一个重要方面。它包括预算、人员配置和监督技术在教育环境中的使用。

⑤评价：教育技术不仅仅是实施技术，还包括评估技术的有效性。评估涉及衡量技术对学习成果的影响，并根据数据进行改进。

⑥学习的过程和资源：本部分强调，教育技术包括用于支持和加强学习的各种方法和工具，可以包括从传统教科书到数字平台和多媒体资源的一切方法和手段。

（2）教育技术的本质

教育技术在教育中应用的本质在于运用技术手段来优化教育和教学过程，以期提高教育教学的效果、效率和效益的理论与实践。它是指为了有效促进学习者的学习而采用的各种不同形式的实体技术、软件技术和系统技术的总称。教育技术的本质是什么？主要有三种不同的观点。

①教育媒体说，认为教育技术的本质是一种媒体技术，是利用传统以及现代化的媒体技术来优化教育教学效果。

②过程和资源说，认为教育技术的本质是聚焦在教育教学过程和教育教学资源的革新，以便更好地促进学习者的学习。

③系统方法说，认为教育技术的本质是一种系统方法，运用系统方法的思想来指导教育教学活动，提高学习者的学习绩效。

上述三种观点都从不同的角度分析了教育技术的本质是什么这个问题。教育媒体说主要是从教育教学的技术、手段和工具的角度出发进行分析；过程和资源说主要是从学习阶段和学习资源这个角度进行分析；系统方法说从方法论的角度出发，认为教育技术本质上是一种新的学习方法。在何克抗等人提出的定义中，把教育技术的本质界定为"有合适技术支持的教育过程与教育资源"。这种对本质的界定更具体、更符合实际，对我国的教育技术也更有启发意义。

（3）教育技术的研究范畴

AECT'05定义中的"创造"可以认为它包括了设计和开发，管理则包含了管理和评价两个部分。前面的三个具有代表性的定义中几乎都包含这几个范畴，即设计、开发、利用、管理和评价。这五个动词的宾语是学习过程与学习资源，它们主要指出了每一个范畴具体的工作内容。

①设计：对学习过程的设计主要包括教学设计、教学活动设计、学习环境设计等；学习资源的设计主要指教学过程中对所需的资源进行设计和规划。

②开发：主要指对学习资源的开发，即利用视听媒体技术、计算机技术、软件程序技术、多媒体技术等开发学习所需的各种学习资源。

③利用：主要研究如何利用教学媒体和教学资源促进学习，聚焦在利用的原则、利用的策略、利用的方法等。

④管理：对学习过程和资源的管理主要包括学校硬件设备设施和学习软件资源的管理，学习过程中各个环节（如课前、课堂、课后）的管理，对教育系统各个组成要素的管理等。

⑤评价：学习评价包括对学习的各个环节开展的评价、对学习资源的整体质量进行评价。评价需要开发相应的评价量表，采用适当的评价方法，最终还需要把评价结果反馈到设计阶段，以促进学习绩效的提高。

（4）教育技术的研究对象

教育技术的研究对象是有合适技术支持的教育过程与教育资源。其中，技术包括硬件和软件两方面，也就是既强调有形的物化设备和工具手段，也强调无形的、非物质的、观念形态层面上的方法与技能。在现代教育中，技术手段的应用对于优化学习过程和提高学习资源的利用效率具有至关重要的作用。通过对学习过程和学习资源的研究，可以深入探讨如何更好地应用技术手段促进人类学习和发展，提高教育教学的质量和效益。

①学习过程。

学习过程是教育技术的研究对象之一，也就是学习者在接受教育、获取知识和技能的过程中所经历的一系列心理和行为活动。学习过程包括学习者的自我认知、学习动机、学习策略、信息加工等环节，这些环节相互作用，影响着学习者的学习效果。教育技术的应用可以改善和优化学习过程，例如，通过提供个性化的学习资源、及时反馈和辅导，以及支持合作学习等手段，提高学习者的学习效果和学习体验。

②学习资源。

教育技术的另一个研究对象是学习资源，即在学习过程中所利用的各种材料、工具和设备等。传统的学习资源包括教材、图书、实验设备等，而随着信息技术的不断发展，网络资源、数字媒体和虚拟现实技术等新型学习资源不断涌现。这些新型学习资源具有信息量大、更新快、表现力丰富等特点，能够极大地拓展学习者的学习范围，提供更加灵活多样的学习方式。同时，教育技术的应用也可以对传统的学习资源进行数字化、网络化的改造和升级，提高学习资源的利用效率和效益。

（5）教育技术的研究领域

教育技术的研究领域包括两方面——理论与实践。理论研究与实践应用二者相互促进、共同发展。通过深入研究和探讨教育技术的理论基础和实践应用，可以不断推动教育技术的发展和创新，提高教育教学水平和质量。

①理论研究。

教育技术的理论研究主要关注于探究和发现教育技术的基本原理、规律和内在机制。这些理论包括学习理论、教学理论、媒体理论等，它们为教育技术的实践应用提供了科学的指导和依据。理论研究还可以针对教育技术的应用效果进行评估和反思，探究其内在的影响因素和作用机制，为进一步完善教育技术提供理论支撑。

②实践应用。

教育技术的实践应用主要关注的是，如何将教育技术更好地应用于教育教学实践中，探索和发现更为有效的教学方法和手段。实践应用需要结合具体学科、具体学段和具体学情进行针对性研究，通过优化教学设计、开发优质教学资源、实施有效教学策略等方式，提高教育教学效果。同时，实践应用也可以为理论研究提供丰富的案例和实践经验，促进理论研究的深入发展。

（6）教育技术的目的

教育技术有着明确的目的，除了可以通过关注学习过程和学习结果，促进学习者的学习之外，还可以通过培训来提高企业绩效。教育技术的目的是提高教育教学的质量和效益，优化学习过程和提高学习效率。教育技术的应用可以为学习者提供更加优质、高效、个性化的学习体验，同时也可以为教育教学改革提供新的思路和方向，推动教育教学不断向前发展。

①优化学习过程。

教育技术的应用可以优化学习过程，通过技术手段的支持，为学习者提供更加个性、灵活和多样的学习方式和方法。例如，利用在线学习平台、智能教学系统和虚拟现实技术等，可以让学生感受到更加多样化、生动的学习体验，调动起学生的学习兴趣和动机，提高学生的学习效率和效果。

②提高学习效率。

教育技术的应用可以提高学生学习的效率。通过技术手段的支持，可以缩短学习时间，提高学习的速度和效率。例如，利用数字化学习资源、智能学习工具等，可以让学生更快地获取知识和技能，减少学习中的时间和精力成本，提高学习的效率。

③提高教育教学的质量和效益。

教育技术应用于教育中可以提高教育教学的质量和效益。通过技术手段的支持，可以实现更加科学、规范、精细化的教学管理，提高教学效果和教学质量。例如，利用大数据分析、人工智能等技术手段可以对教育教学进行更加精准的评估和诊断，为教育教学改革提供科学依据和指导，提高教育教学的效益。

本小节呈现并解释了教育技术的定义，但这对于师范专业的学生来说，真正理解教育技术的定义并不太容易。教育技术作为一个专业，包含了教育技术基本理论、知识科学与知识工程、远程教育、新技术教育应用等研究方向。它作为一门课程，包括了相关的理论基础、常规教学媒体技术、数字资源开发技术等内容模块。

简单来说，我们可以这样来理解教育技术的概念：它是由两个部分组成，即教育+技术。概念的理解从这两个部分的整合出发，即教育中的技术。这里的技术是限定在教育的范畴内，技术包括有形的技术和无形的技术，有形的技术可以是教育教学中常用的教学设施、教学媒体设备等，无形的技术可以是教学设计的技术、数字媒体技术、多媒体技术等。本课程的主要目的就是研究上述技术如何正确、有效地应用于教育教学活动中，以提高学习的绩效；课程的主要内容就是学习、练习和获得上述各种技术，开发学习资源，改造学习过程，促进学习者的学习。

3. 相关概念

随着科学技术的发展和不断进步，出现了一些与教育技术密切相关的概念，如信息技术、数字技术等，以及与之相应的信息素养、数字素养等。

（1）信息技术

信息技术（information technology，简称IT）是指使用计算机、软件、网络和其他技术工具来存储、处理、传输和检索数据和信息。它包含了广泛的技术和实践，用于管理和处理信息、支持业务操作和促进通信。IT领域不断发展，新技术和新实践不断涌现。IT专业人员在使组织和个人能够利用技术来提高生产力、效率和沟通能力方面发挥着至关重要的作用。IT涉及广泛的领域，如硬件和软件，以及计算机系统和网络的设计、开发和维护。

信息技术有以下10个关键组成部分。

①硬件：包括计算机、服务器、存储设备和其他用于存储和处理数据的物理设备。

②软件：包括开发、安装和维护用于各种目的的软件应用程序和操作系统，如文字处理、数据分析和通信。

③网络：IT依赖于计算机网络的设计和管理，这些网络允许数据和信息在设备和系统之间传输。其包括因特网、局域网（LANs）或广域网（WANs）。

④数据管理：IT专业人员使用数据库和数据存储系统来有效地组织和保护信息。

⑤网络安全：保护数据和系统免受未经授权的访问，数据泄露和网络攻击是IT的一个关键方面。

⑥软件开发：包括定制软件应用程序、网站和移动应用程序的开发，以满足特定的业务需求。

⑦系统管理：IT专业人员管理和维护计算机系统、服务器和网络，以确保它们高效、安全地运行。

⑧IT支持：IT团队为用户和组织提供技术支持，以排除故障，解决技术问题，并协助处理与硬件和软件相关的问题。

⑨云计算：云技术是现代IT的重要组成部分，它允许企业通过互联网访问和使用计算资源、存储和软件。

⑩信息系统：IT还包括信息系统的设计和实现，帮助组织有效地管理和使用数据，以支持他们的操作和决策过程。

（2）数字技术

数字技术是指在各种应用、行业和日常生活的各个方面使用电子设备、系统和数据。它包括使用数字信息和技术工具以1和0（二进制代码）的形式创建、处理、存储和通信数据。数字技术对各个领域产生了深远的影响，包括商业、医疗保健、教育、娱乐等。它改变了人们工作、交流、获取信息和开展日常活动的方式。虽然科学技术不断进步，但是数字技术仍然属于现代世界变革和创新的前沿。

数字技术包括范围广泛的数字设备、软件和流程，它们彻底改变了信息的收集、处理和共享方式。数字技术有以下9个主要组成部分。

①数字设备：这些是使用数字信号来处理和传输信息的电子设备，它包括电脑、智能手机、平板电脑、数码相机和数字音频播放器。

②数字数据：数字技术依赖于数字格式的数据，这些数据可以很容易地被数字设备和软件处理和操纵。该数据表示为二进制代码，由 0 和 1 组成。

③数字软件：数字技术包括使用在数字设备上运行的软件应用程序。该软件包括操作系统、生产力工具、多媒体应用程序和为特定目的而设计的各种其他应用程序。

④数字通信：数字技术使通信能够通过数字渠道，如互联网、电子邮件、社交媒体和即时通讯，使世界各地的人和设备连接和交换信息。

⑤数字媒体：数字技术已经改变了各种媒体形式的创作和发行，包括数字照片、视频、音乐、电子书和在线出版物。

⑥数字化转型：许多行业和组织正在经历数字化转型，这涉及使用数字技术来简化流程、提高效率和更有效地提供服务。

⑦物联网（IoT）：物联网是数字技术的一个子集，涉及将物理对象和设备连接到互联网，使它们能够收集和交换数据。它包括智能家电、可穿戴设备和工业环境中的传感器等。

⑧网络安全：网络威胁和保护数字信息与系统免受未经授权的访问是数字技术的一个关键方面。

⑨数据分析：数字技术支持收集和分析大量数据，为决策和商业智能提供见解。

（3）信息技术素养

信息技术素养，通常缩写为 IT 素养，是指个人使用和理解各种信息技术工具、系统和概念的能力，即能有效和负责任地驾驭数字世界所需的知识和技能，包括使用计算机、软件应用程序、互联网和数字设备。信息素养在工作、教育和日常生活的各个方面都扮演着重要的角色，因此信息素养是现代社会的一项基本能力。

信息技术素养不局限于特定的年龄组或职业，对于所有背景和年龄的人来说，这是一项宝贵的技能。它使个人能够参与数字时代，获取信息，并在技术驱动的世界中有效地进行沟通。在教育环境中，IT 素养通常被整合到课程中，以确保学生习得必要的技能，以驾驭数字环境，并在未来的努力中取得成功。

信息技术素养有以下 10 个主要组成部分。

①计算机基本技能：熟练掌握计算机的基本操作，如使用键盘和鼠标、浏览文件系统、管理文件和文件夹。

②系统操作能力：熟悉常用的操作系统（如 Windows、MacOS、Linux）及其基本功能和设置。

③软件应用能力：能使用常用软件，包括文字处理软件、电子表格、演示软件和电子邮件客户端。

④互联网使用能力：了解如何访问和浏览互联网，进行在线研究，有效使用搜索引擎，安全和负责任地使用互联网。

⑤数字通信能力：使用电子邮件、社交媒体和消息平台进行通信和协作的能力。

⑥在线安全系统：了解在线安全实践，包括创建强密码、识别网络"钓鱼"企图和保护个人信息。

⑦信息素养系统：批判性地评估数字资源中信息的质量和可信度。

⑧数字隐私系统：了解数字隐私的重要性，并知道如何调整在线帐户和设备上的

隐私设置。

⑨故障排除能力：主要指识别和解决常见计算机和软件的基本问题。

⑩适应性：学习和适应新技术和软件的能力。

（4）数字素养

数字素养是使用、理解和批判性地评估数字信息、通信和工具的能力。它包含了有效和负责任地驾驭数字世界所需的广泛技能和能力。数字素养不仅包括熟练技术，还包括对数字内容进行批判性思考的能力，以及将技术用于各种目的的能力，包括沟通、信息检索、解决问题和创造力。

数字素养是 21 世纪的一项关键技能，因为数字世界是教育、工作、社会互动和日常生活各个方面不可或缺的一部分。它使个人能够以一种有意义和负责任的方式参与数字技术，使他们能够利用这些工具进行个人、学术和专业的发展。数字素养对于保持信息灵通、做出明智决策，以及参与全球互联和技术驱动的社会至关重要。

数字素养有以下 10 个主要组成部分。

①技术技能：熟练使用数字设备，如电脑，智能手机和平板电脑，并浏览其操作系统和软件应用程序。

②互联网使用能力：访问和浏览互联网、使用网络浏览器、进行在线搜索和评估在线资源可靠性的能力。

③数字通信能力：与电子邮件、社交媒体、即时通信和其他数字通信工具相关的技能。

④信息素养：评估和批判性分析数字信息的能力，包括识别可靠来源、避免错误信息、理解版权和知识产权。

⑤数字安全和保障系统：在线风险意识和保护个人信息的能力，识别在线威胁（例如，网络钓鱼，恶意软件），并实行安全的在线行为。

⑥网络礼仪：了解如何在数字领域尊重并专业地与他人交流和互动。

⑦解决问题能力：使用数字工具解决问题，做出决策，并有效地完成任务。

⑧创造力和数字内容创作：通常是指使用各种软件和在线平台创建和共享数字内容（包括文档、图像、视频等）的能力。

⑨适应性：学习和适应新数字技术和工具的意愿和能力。

⑩伦理考虑：理解数字选择的伦理含义，如尊重隐私、避免网络欺凌和践行数字公民。

1.2　教育技术理论基础

教育技术是一门新兴的学科，其理论基础主要包括传播理论、系统科学理论和学习理论。传播理论和系统科学理论强调教育、教学过程是一种信息传播的过程，是一个由各个要素相互作用、相互联系构成的有机整体，需要从整体上对其进行把握和调控。学习理论主要包括行为主义学习理论、认知主义学习理论和建构主义学习理论等，它强调学习者的认知过程和心理发展，以及如何通过不同的学习方式和技术手段来促进学习者的学习。

此外，教育技术学还涉及教学理论、系统与控制理论、媒体教学理论等多方面的知识。同时，随着技术的不断发展和进步，教育技术学也在不断地吸纳新的技术和理论，以不断拓展其研究领域和应用范围。

1.2.1 教育传播理论

传播一词译自英语 communication，也有人把它译成交流、沟通、传通、传意等，它来源于拉丁文，意思是共用或共享。教育传播理论主要包括拉斯韦尔传播模式和香农-韦弗传播模式。前者为传播研究提供了框架，有助于理解传播过程的各个组成部分以及它们之间的相互关系。后者最初是针对电报通信提出的，但后来被扩展到解释一般的人类传播过程。他将传播视为一个信息传递的过程，并特别强调了反馈的重要性。

1. 拉斯韦尔传播模式

哈罗德·德怀特·拉斯韦尔是美国著名的传播学学者，他的传播模型通常被称为"拉斯韦尔模型"或"拉斯韦尔公式"。这个模型是一个简单而广泛使用的分析和理解传播过程的框架，特别是在大众传播和政治传播的背景下。拉斯韦尔模型可以概括为这样一个问题："谁，说了什么，对谁，产生了什么效果？"以下是对拉斯韦尔模型每个组成部分（见表1-2）的详细解释。

谁（who）：模型的这个组件关注于通信的发送者或来源。它试图回答关于传播者的身份、特征和意图的问题。在这种前提下，需要重点考虑的是传播者的可信度、专业知识和动机。

说什么（says what）：这个元素包含了交流的内容或信息。它指的是由发送者传达的信息、想法。内容可以采取多种形式，包括文字、图像、符号或任何其他表达方式。

对谁（to whom）：模型的这一部分与通信的受众或接收者有关。它探讨了受众的特征和属性，比如他们的人口统计、态度、价值观和兴趣。了解听众对于有效地"剪裁"信息至关重要。

产生什么效果（with what effect）：模型的最后一个组成部分处理的是传播对受众的影响或效果。它包括评估听众对信息的反应或回应。这可以包括态度、信念、行为或任何其他可观察到的结果的变化。

通过什么渠道（in which channel）：指传播过程中是通过什么传播工具、传播途径进行传播活动。如果是教学活动中，主要指选择的是何种教学传播媒体传播教学信息。

为什么（why）：为什么要进行本次传播活动，指传播的目的。在教学活动中，则特指教学目的，为了达到相应的教学目的而进行教学传播活动。

在什么情况中（where）：在特定的环境中所开展的传播活动。在教学活动中，指在什么样的教学环境中开展的教学传播。

表 1-2 教育传播的要素

传播要素		教学中的传播要素
who	谁	教师或其他信息源
says what	说什么	教学内容
to whom	对谁	教学对象即学生
with what effect	产生什么效果	教学效果
in which channel	通过什么渠道	教学媒体
why	为什么	教学目的
where	在什么情况下	教学环境

拉斯韦尔模型本质上是一个通信的线性模型，其中信息从发送者流向接收者是单向的。它在分析大众传播、宣传和政治传播方面特别有用，在这些领域，理解信息的意图和效果至关重要。

虽然拉斯韦尔模型为分析通信提供了一个基本框架，但它有局限性。它不考虑反馈或交互的动态特性，简化了现实世界通信的复杂性。在实践中，交流往往是循环和多向的。尽管如此，该模型仍可作为检查通信基本要素的基础工具，并可作为更全面的通信分析的起点。

2. 香农-韦弗传播模式

香农-韦弗模型，也被称为香农-韦弗通信模型或香农-韦弗数学模型，是由克劳德·香农和沃伦·韦弗在1949年提出的。这个模型通常被称为"传播的数学理论"，是传播理论领域的基础模型之一。它侧重于将信息从发送者传递给接收者的过程，重点是通信的技术方面。该模型在信息理论和数据传输的背景下特别有意义，这是电信和现代信息系统的基础。下面是香农-韦弗模型的详细解释。

发送方（信息源）：这是发起通信过程的实体或个人。发送方是信息或消息的来源，负责将消息编码为可传输的格式。在现实世界中，发送者可以是一个人、一台计算机、一个电视台或任何生成要通信的数据的实体。

消息：这是发送方希望发送给接收方的信息、数据或内容。它可以是文本、音频、视频或任何其他可以传输的格式。信息可以简单到是一个单词，也可以复杂到是一个多媒体演示文件。

编码器：负责将信息转换成可传输的信号。此过程通常涉及将消息转换为适合传输的特定格式或代码。例如，在数字通信中，编码器可以将消息转换为二进制代码（0和1）。

信道：这是将编码后的信息从发送方传至接收方借助的媒介或途径。通道有多种形式，如电缆、无线信号、无线电波或光纤。信道的选择取决于通信的性质和所使用的技术。

噪声：指当信息在信道中传播时，可能对信息传输造成的任何干扰或失真。噪声可能是由外部因素引起的，如电磁干扰、物理障碍物，也可能是信息本身的语义模糊。

解码器：负责反转编码过程，将发送的信号转换回接收方能理解的信息。这一步对于确保准确地重构原始消息至关重要。

接收者：这是信息所针对的实体或个人。接收方解码消息并解释其内容。成功地接收和理解信息对于有效沟通至关重要。

反馈：虽然在最初的香农-韦弗模型中没有明确表示，但反馈是现实世界沟通的一个重要方面。它包括接收方向发送方提供响应或反馈，表明消息是否被接收和理解。这种反馈循环允许在随后的沟通中进行澄清和调整。

香农-韦弗模型为理解通信的技术方面提供了一个框架，特别是在信息传输和信号处理的背景下。它对通信技术和信息理论的发展产生了重要影响。但是它没有解决交际的语义或语境方面，这是理解人类和社会交际的关键。

国内学者南国农、李运林对上述的香农-韦弗模型进行了重构，认为教学传播过程是一个连续的动态的过程，为了研究方便，他们将香农-韦弗模型划分为六个阶段，如图1-2所示。

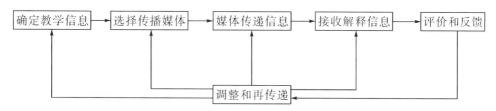

图1-2　教育传播的阶段

3. 教育传播内容的抽象层次

"经验之塔"，也被称为"学习之塔"，是由美国教育理论家埃德加·戴尔在20世纪40年代提出的。这个模型经常被用来说明不同层次的学习和与不同教学方法相关的记忆程度。圆锥体作为教学模式与学习和记忆潜力之间关系的视觉表征。它强调，当个人积极参与学习过程时，他更有可能记住和理解信息。以下是对经验之塔（见图1-3）的详细解释。

直接经验：在锥体的底部，这代表了最具沉浸感和难忘的学习形式。直接经验包括动手活动、实地考察、实际实验和现实生活中的互动。学习者积极参与主题和环境，这通常会促使其增强记忆和理解。

模拟体验：再往上看，模拟体验是对现实生活情境的模拟或再现。这些活动被设计成模拟真实的体验，但受到控制和组织。例如，角色扮演练习、案例研究和实验室实验。虽然不像直接体验那样具有沉浸感，但模拟体验对于学习仍然具有吸引力和有效性。

语言符号：这一层次代表通过口头和书面交流进行学习。它包括听讲座、读书和参与讨论。语言符号依赖知识的语言和符号表示。虽然这些方法不如实践体验那么具有沉浸感，但它们对于获得复杂主题的更深入理解至关重要，特别是与其他形式的学习相结合时。

视觉符号：视觉符号包括通过图像和非语言表征进行学习。这可以包括观看视频、查看图表或学习视觉辅助工具。视觉符号可以增进理解，尤其是对视觉学习者来说，它提供了一种不同的表示和处理信息的方式。

抽象符号：在这个层次，学习涉及更多抽象和符号的信息表示。这可能包括数学或科学符号、图表、图形和其他知识的抽象表示。学习者在更概念化的层面上处理信息。

被动参与：在圆锥体的顶端，被动参与包括学习者扮演被动角色的活动。这些活动包括看电视、参加没有互动的讲座、听录音等。与更主动的学习形式相比，这一阶段的留存率往往较低。

消极接受：消极接受是指被动的学习形式，学习者在很少或没有主动参与的情况下接受信息。例如，在没有积极互动的情况下看书、听讲座或观看演讲。与更积极和更有参与性的学习形式相比，这个水平的记忆可能更低。

需要注意的是，经验之塔是一个概念模型，说明了学习方法的层次结构，它并不意味着教学和学习的严格规定。每个层次的学习效果可能因个人偏好、主题和教学设计而异。在实践中，通过不同层次锥体的不同方法组合，常常可以创造一个全面和有效的学习经验。该模型为教育工作者和教学设计者规划和组织学习活动提供了有益的参考。各种教学活动可以根据其经验的具体至抽象程度的不同，排成一序列，最底层的经验最具体，越往上越抽象；教学活动应该从具体经验入手，逐步过渡到抽象经验；教学中使用各类媒体，可以使得教学活动更具体，也能为教学的抽象和概括程度创造条件。

图 1-3　经验之塔

4. 教育传播的双向性

早期，传播理论认为传播活动是单向的灌输过程，认为受者只能被动地接受信息，只能够接受传播者的意图。这种传播思想忽视了受者的自主性和主动性，显而易见是一种片面的认识。教育交流是一个动态的过程，涉及教育者（教师、讲师或教育机构）和学习者（学生或参与者）之间信息、思想和知识的交换。它通常被描述为一个双向的交流过程，这意味着它超越了从老师到学生的片面信息流动。相反，它涉及双方之间的互动和反馈。

教育传播的双向性体现在教与学双方的互动性。在双向教育交流模式中，教师和学生之间的互动是必不可少的。这种互动形式多样，例如课堂讨论、问答、小组活动、辩论或合作项目。互动允许思想交流、概念澄清，教师和学习者都有机会积极参与互动过程。

教育传播的双向性体现在教学过程的反馈循环性上。教育中的双向交流包含一个反馈循环，这意味着学习者有机会向教师提供反馈，而教师反过来可以利用这些反馈来调整他们的教学方法和材料。反馈可以以问题、评论、评估的形式出现。它可以帮助教师衡量教学的有效性，并根据需要进行调整，以增强学习体验。

教育传播的双向性体现在学习者的积极参与性上。双向教育交流环境鼓励学习者积极参与自己的学习。他们不是被动的信息接受者，而是主动的参与者，对自己的学习过程负责。积极参与包括批判性思维、解决问题，以及在实际环境中的知识应用。

教育传播的双向性体现在教学活动中的提问和讨论过程中。提问和讨论是双向沟通的重要组成部分。鼓励学习者提出问题以寻求澄清和加深理解。此外，课堂讨论、辩论和同伴互动为学习者分享他们的观点和相互学习创造了机会。协作是双向教育交流的另一个方面。学习者经常被要求一起完成项目或作业。这种协作学习方法促进了团队合作、沟通技巧和同伴之间的思想交流。

教育传播的双向性体现在适应性教学中。双向教育交流使教师能够根据学习者的需要和偏好调整教学方法。通过积极倾听学生，教师可以确定需要进一步解释或支持的领域，并相应地调整他们的教学。当学习者积极地参与到学习过程中，有讨论和互动的机会，并得到及时的反馈时，他们往往能更好地记住信息。

教育交流的双向特性促进了一个更互动、更吸引人、更有效的学习环境。它培养了教育者和学习者之间的共同学习责任感，双方都为教学过程做出贡献。这种模式在现代教育中尤其有价值，因为现代教育高度重视积极参与和批判性思维。

1.2.2　教学理论

目前典型的教学理论有行为主义理论、认知主义理论、建构主义理论，下面就分别简要介绍这三种主要的教学理论。

1. 行为主义理论

行为主义是一种心理学理论和思想流派，关注可观察的行为，将其作为学习的主要指标和理解人类心理的基础。这一理论出现于 20 世纪初，对心理学和教育产生了重大影响。行为主义与几个著名人物有关，包括约翰·沃森、巴甫洛夫和斯金纳。

（1）主要观点

行为主义主要强调可观察的行为，如行动、反应和反馈。它不关心不可观察的心理过程、思想或情感，因为它们不能被直接观察到，因此不被认为是科学的。行为主义关注刺激和反应之间的关系。它假定行为是对外界刺激的反应，通过条件反射，个体学会将特定的刺激与特定的反应联系起来。

行为主义强调条件反射在学习中的作用。行为主义中有经典条件反射和操作性条件反射这两种主要的条件反射。前者是巴甫洛夫最先研究的。它涉及中性刺激与非条件刺激的关联，导致条件反应。例如，巴甫洛夫著名的狗实验描述了狗如何学会将铃声与食物联系起来，最终一听到铃声就会流口水。操作性条件反射是由斯金纳推广的。

它关注行为的后果，如通过奖励和惩罚塑造未来的行为。强化（奖励）增加了行为再次发生的可能性，而惩罚则降低了这种可能性。

根据行为主义，学习被看作是可观察行为的改变。知识是通过经历和反复接触刺激而获得的，刺激会导致行为的改变。这种观点认为，学习是一个相对简单的刺激-反应过程。行为主义者认为环境在塑造行为中起着核心作用。他们认为，个人在很大程度上是环境的产物，行为的改变可以通过改变环境或通过特定的行为干预来实现。

行为主义强调后天因素（环境）高于先天因素（遗传）。它认为，人们的行为在很大程度上是他们的条件反射和经历的结果，基因只起了很小的作用。行为主义者强调客观的、可量化的数据和测量的重要性。他们更喜欢在实验条件和受控环境中收集数据和检验他们的理论。

（2）不同观点

也有不少学者对行为主义的一些观点提出了一些质疑，批评者认为，行为主义忽视个体的内部认知过程，如记忆、解决问题和心理表征，过度简化了人类的行为；行为主义倾向于认为所有个体都有相似的学习过程，忽视了个体的多样性和独特性；行为主义的一些应用引起了伦理问题，特别是当它涉及惩罚和奖励的使用时，这可能被视为操纵；行为主义更适合于理解简单的、自动的和反射性的行为，而不是复杂的认知过程和高阶思维；行为主义主要研究被动行为，即对外部刺激的反应，它不涉及主动的、自我发起的行为或内在动机。

虽然行为主义在现代心理学中的受欢迎程度有所下降，但它在某些教育和治疗环境中仍然具有相关性。例如，行为主义理论经常应用于行为矫正、应用行为分析和一些教学方法，特别是在幼儿教育和特殊教育中。许多当代的学习理论和模型，如建构主义和认知心理学，通过考虑认知、情感以及社会和文化因素在学习和人类行为中的作用，扩展了行为主义原则，并在某些情况下挑战了行为主义原则。

2. 认知主义理论

认知主义是一种心理学和教育理论，关注认知过程在学习和理解人类行为中的作用。它的出现是对行为主义局限性的回应，行为主义主要强调可观察的行为，而忽视了内在心理过程。认知主义认为，个体通过感知、记忆、思考、解决问题和推理等心理过程，积极地加工信息，从事心理活动，构建知识。主要代表人物有克勒、托尔曼、布鲁纳、皮亚杰、奥苏伯尔、加涅等。

（1）主要观点

认知主义认为人类的大脑是一个信息处理系统，类似于计算机，人们以系统和有组织的方式接收、编码、存储、检索和操作信息。该理论强调个体形成概念、对象和事件的心理表征，这些心理表征基于内部认知结构和图式，它们是组织和解释信息的框架。在认知主义中，学习被视为一个积极的、建设性的过程。学习者不是信息的被动接受者；相反，他们积极地进行意义建构和知识建构。认知主义强调认知发展和成熟，认为学习者的认知发展经历了不同的阶段，每个阶段都以特定的认知能力和思维过程为特征。

认知主义还强调解决问题和批判性思维能力在学习中的作用。鼓励学习者分析信息，得出结论，并将他们的知识应用于新情况。认知主义认识到元认知的重要性，元认知能监视和控制自己的思维和学习过程，鼓励学习者反思他们的思维和策略，从而更有效地学习。记忆是认知主义的基本组成部分，认知主义区分了不同类型的记忆，如感觉记忆、短期记忆和长期记忆。有效的学习通常包括从长期记忆中对信息进行编码和检索。

该理论认为，当学习与现有的知识和经验联系在一起时，学习是最有效的，这样能促进学习者将他们的知识和技能转移到新的环境中。认知主义承认个体有独特的认知过程，他们的学习经历受到先验知识、动机和认知风格等因素的影响。

（2）不同观点

学者们对认知主义的批评往往围绕着它对个人认知过程的关注。认知主义可能不能完全解释学习的社会和文化因素，没有考虑情感因素和社会环境对学习的影响。作为对这些批评的回应，当代教育理论认识到学习过程中个人认知过程和社会互动之间的相互作用，经常将认知主义和社会建构主义的元素结合起来。

认知主义对教育、认知心理学和教学设计产生了重大影响。它影响了旨在通过迎合学习者的认知过程来优化学习的教学策略和方法的发展。一些广泛使用的教学实践和模型，如基于问题的学习、认知学徒制和布鲁姆的教育目标分类法，都植根于认知主义原则。

3. 建构主义理论

建构主义也译作"结构主义"，主要代表人物有皮亚杰（J. Piaget）、维果斯基（L. S. Vygotsky）等。建构主义是一种心理学和教育学理论，其核心思想是个体通过自己的经历、互动和心理过程，积极地构建自己对世界和知识的理解。它表明，学习是一个动态的、个人的过程，在这个过程中，学习者根据他们先前的知识、经验和社会互动建立自己的心理模型和对世界的解释。建构主义强调意义建构、批判性思维和问题解决的重要性。

（1）主要观点

建构主义学习理论的基本观点认为，知识不是通过教师传授得到的，而是学习者在一定的情境即社会文化背景下，借助其他人（包括教师和学习伙伴）的帮助，利用必要的学习资料，通过建构意义的方式而获得。德国的一则关于"鱼牛"的童话或许能很好地说明建构主义学习理论的基本观点。

这则童话讲的是在一个小池塘里生活着鱼与青蛙，它们是一对好朋友。它们听说池塘外面的世界很精彩，都很想出去看看。鱼因为自身不能离开水而存活，只能是青蛙一个人出去了。终于有一天青蛙回来了，鱼迫不及待地问他外面世界的样子。青蛙告诉鱼，外面的世界真的很精彩，有很多奇特的东西。"比如就说牛吧，"青蛙说，"这可真是一种长相奇怪的动物，它的身体很庞大，头上还长着两个犄角，以青草为食物，身上有黑白相间的斑点，长着四只粗壮的腿，还有大大的乳房。"鱼惊奇地叫道："哇，好怪哟！"同时脑海里也浮现出了他心目中的"牛"的形象：一个长长的鱼身体、头上长着两个犄角、嘴里吃着青草，如图1-4所示。

图1-4 "鱼牛"形象

鱼脑中的牛形象（我们姑且称之为"鱼牛"）在客观上当然是错误的，但对于鱼来说却是合理的，因为它根据从青蛙那里得到的关于牛的部分信息，从本体出发，将新信息与自己头脑中已有的知识相结合，构建出了"鱼牛"形象。这体现了建构主义的一个重要结论：理解依赖于个人经验，即由于人们对于世界的经验各不相同，人们对于世界的看法也必然会各不相同。知识是个体与外部环境交互作用的结果，人们对事物的理解与个体的先前经验有关，因而对知识正误的判断只能是相对的；知识不是通过教师传授得到，而是学习者在与情景的交互作用过程中自行建构的，因而学生应该处于中心地位，教师是学习的帮助者。建构主义强调"知识的意义建构"。

（2）主要原则

建构主义理论的主要原则包括以下8点。

①主动学习：在建构主义理论中，学习被视为一个主动的、动态的过程。学习者通过将新信息与他们之前的知识和经验联系起来吸收新信息，而不是被动地吸收事实或行为。

②知识的建构：知识不是由老师传授给学习者的，而是由学习者通过与环境的互动来建构的。这意味着学习者创造自己的心理表征和对世界的理解。

③社会文化背景：建构主义承认学习的社会和文化背景。它强调学习发生在社会环境中，与他人的互动在塑造个人理解方面发挥着至关重要的作用。在建构主义方法中，合作学习和与同伴的讨论受到重视。

④最近发展区（ZPD）：这个概念是由列夫·维果茨基提出的，他认为学习者从超出他们目前理解水平，但在适当的情况下仍在他们的能力范围内的教学中获益最多。ZPD强调了脚手架的重要性，更有知识的个人，如教师或同伴，为学习者提供指导和支持。

⑤真实任务：建构主义学习通常涉及真实任务和现实问题的解决。学习者参与的活动反映了他们正在学习的世界的挑战和复杂性。这促进了更深层次的理解和将知识应用于实际情况的能力。

⑥多元视角：建构主义鼓励学习者考虑多种视角和观点。这培养了批判性思维、反思和对人类经验和知识多样性的欣赏。

⑦元认知：元认知，是对自己的思维进行思考，是建构主义的一个重要方面。鼓励学习者意识到他们的思维过程，监控他们的理解，并在需要时调整他们的策略。

⑧主动探索：建构主义重视体验式学习和探索。鼓励学习者参与动手活动、实验和探索环境。

（3）不同观点

建构主义十分重视"以学生为中心"，往往容易忽略教师的主导作用。对建构主义的批评通常集中于教育评估和与结构需求有关的问题上，一些人认为，与传统的行为主义教学方法相比，建构主义教学方法结构更少，更难评估。批评者还指出，在某些情况下，学习者可能缺乏有效的建构主义学习所需的基础知识和技能。

建构主义原则对教育和教学设计产生了深远的影响。建构主义教学方法通常包括以学生为中心的学习、小组活动和开放式项目，基于问题的学习、基于探究的学习和基于项目的学习等也与建构主义原则相一致。建构主义理论为学习者如何积极参与学习和构建他们对世界的理解提供了有价值的见解。在它的影响下，教育者优先考虑有意义的、背景丰富的学习经验或教育实践，并鼓励学生成为积极的反思者和独立的思考者。虽然建构主义理论可能并不适用于所有的情境或学习者，但它仍然是教育领域一个突出而有影响力的理论。

1.2.3　系统论

系统理论，也被称为一般系统理论，是一个跨学科的框架，起源于 20 世纪中期，用于研究和理解各个领域的复杂系统，包括生物学、社会学、工程学、生态学和管理学。它将世界视为相互联系和相互依赖的系统的集合，重点关注系统组件之间的相互作用和关系。系统理论提供了一种分析和解释复杂现象的整体方法。

（1）主要观点

系统理论强调整体的观点，考虑整个系统，而不仅仅是单个的组成部分，它承认系统作为一个整体的行为往往大于其各部分的总和。系统理论强调系统的互联性，它认识到系统某一部分的变化或干扰会对其他部分产生连锁反应，因为系统内的一切都是相互联系的。

系统论定义了将系统与外界环境分开的边界，这些边界有助于将系统与周围环境区分开来，并理解它如何与外部因素相互作用。系统理论重视分析系统的输入和输出，它分析系统和环境之间的材料、能量、信息或其他资源的流动。反馈机制在系统理论中起着至关重要的作用。它被用来理解系统如何根据环境的反馈自我调节和调整行为。反馈可以是积极的（放大变化）或消极的（稳定变化）。系统理论经常承认复杂系统中的层次结构，子系统（大系统中的小系统）可以有它自己的属性和相互作用。

（2）不同观点

系统理论可能因其复杂性而受到批评，因为它经常涉及多个变量和变量间的相互作用，这使得分析和建模现实世界的系统具有挑战性。它可能并不总是为问题提供具体的解决方案，因为它更侧重于描述和理解系统，而不是规定干预措施。由于对复杂系统进行精确建模和模拟存在困难，系统理论在实际应用中具有挑战性。

系统论是教育技术的一种基础理论，教育系统论把教育看作一个系统，系统的组成要素包括学生、教师、教学媒体等。在系统论的影响下，我们需要从整体的观点、综合的角度来分析教学过程中的各种问题和现象，应用系统论的方法也就是系统方法来解决教学中的问题。从系统论的观点出发，坚持不懈地在整体与部分之间、内部系统与外部环境之间的互相联系、相互作用、互相制约等关系中调查和研究系统，以实现对问题的最优化解决。

1.3　教育技术的应用

现代教育技术利用信息技术、多媒体技术、网络技术等手段，实现了教育教学信息化、现代化、智能化的发展。现代教育技术的应用，为教师提供了更加多样化的教学资源和手段，也促使教育教学更加关注学生的主体地位、更加重视学生的学习体验以及个性化发展。随着信息技术的不断进步，教育技术对促进教育改革和学生发展越来越重要。现代教育技术在教育中的应用，使得教学方法不断创新，教学质量不断提高，同时也为学生的学习提供了更加丰富和灵活的学习方式。

1.3.1　应用形式

现代教育技术在教育中的应用有多种，例如，从时间维度来分，现代教育技术的教育应用可以分为课前、课中、课后；从空间维度来分，则又分为校内和校外。下面我们粗略地从课堂教学和远程教育两方面介绍现代教育技术的应用。

1. 课堂教学

现代教育技术在课堂教学中的应用，主要是通过媒体技术和视听教学方式呈现教学信息，这就是课堂教育技术系统。

①多媒体教学。多媒体教学是指通过多媒体计算机、投影器、音箱等多媒体设备，将文本、图形图像、音频、视频等多种形式的信息整合在一起，以实现教学内容的生动呈现和教学过程的互动交流。多媒体教学具有信息量大、内容丰富、表现力强等特点，合理的使用有助于激发学生的学习兴趣和积极性，促进教学效果的提高。

②虚拟现实技术。虚拟现实技术通常是指借助计算机等技术创设的一种虚拟环境，学生通过头戴式显示器、手柄等交互设备，能够身临其境地进行学习。虚拟现实技术的应用，能够更好地帮助学生理解和掌握复杂的概念和技能，提高学习效果。

③人工智能辅助教学。人工智能辅助教学是指利用人工智能技术，对学生的学习行为进行分析和预测，为教师提供更加精准的教学建议和学习指导。人工智能辅助教学具有个性化强、预测准确等特点，能够更好地提高学生的学习效果和促进学生个性化发展。

2. 远程教育

远程教育，也被称为远程学习或在线学习，是一种教育方法，使学生能够远程访问学习材料和与教师互动，并在与传统物理教室分开的环境中完成课程。远程教育通常是在虚拟或远程环境中，利用技术向学习者提供教育。

①在线平台教学。在线平台教学系统是一个数字环境，旨在促进教育内容和教学过程在互联网上的传递。它允许教育工作者在虚拟环境中接触学生，提供广泛的学习材料、通信工具和互动功能。该系统通常用于各种教育机构，甚至可用于企业培训。

它的主要组成部分包括：学习内容、用户账户、用户界面、课程管理、交流工具、评估和评分、协作学习、分析和报告、访问控制和安全、支持和帮助资源、移动兼容性、与其他工具集成、可伸缩性等。在线平台教学系统旨在为学生提供一种全面而有效的远程教育手段，使学生能够通过互联网从任何地方获得教育。传统的课堂教学并不总是可行或安全的，随着教育形式多样化的需求转变，远程教育变得越来越重要。

②网络教学。网络教学是指利用计算机网络技术，将教学内容和教学资源进行数字化整合，以实现远程教学和在线学习。网络教学具有灵活性强、资源丰富、自主学习程度高等特点，能够更好地满足学生的个性化需求和自主发展，提高教学质量。

1.3.2 应用目的

现代教育技术在教育领域的应用具有深远意义。它不仅影响到教学内容体系的重构，逐步推动、促进了教学方法的变革，在很大程度上甚至改变了现行的课堂教学模式。

1. 提高教学质量

现代教育技术的应用，使得教学内容更加生动、形象、具体，表现力强，能够更好地激发学生的学习兴趣和主动性，提高教学效果。同时，教师通过使用多样化的教学资源和技术手段，能够更好地满足学生的个性化需求和自主发展，提高教学质量。

2. 促进教育公平

网络教学的开展，使得优质教育资源得以共享和普及，打破了地域和时空的限制，让学生可以在任何时间、任何地点进行学习。这为教育公平提供了更好的平台和机会，让每一个学生都能够接受到优质的教育。

3. 提升学生能力

现代教育技术的应用，注重学生的主体地位和个性化发展，能够更好地培养学生的自主学习能力、创新能力和实践能力。同时，虚拟现实技术等先进技术的应用，也帮助学生更好地理解和掌握复杂的概念和技能，提高学习效果。

4. 推动教育改革

现代教育技术的应用，为教育教学带来了新的理念和方法，推动了教育教学的改革和创新。同时，现代教育技术的应用也促进了教师专业素养的提升和教育资源的优化配置，为教育教学的发展提供了更好的保障。

1.3.3 现代教育技术的应用前景

随着信息技术的不断发展和进步，现代教育技术的应用前景将更加广阔。未来，现代教育技术将更加注重与学科的深度融合，推动教育教学全方位的数字化转型；更加注重技术的创新应用，为教育教学提供更加多样化、智能化、个性化的技术支持；更加注重与社会的联系和互动，推动教育教学的社会化发展。同时，现代教育技术也将与其他领域进行深度融合与创新，为人类社会的发展做出更大的贡献。

现代教育技术的应用在教育教学领域中具有重要的作用和意义。通过不断地创新和应用，现代教育技术将为教育教学带来更加美好的未来。

思考与练习

1. 通过对国内外教育技术的发展脉络梳理，你发现了教育技术的发展规律是什么？

2. 在科技飞速发展的当今，人工智能被大量地应用于教育教学活动中，你认为教师的工作会被人工智能代替吗？请说说你的看法。

3. 在第一节中，提供了不同版本的国内外对教育技术的定义，你是如何理解这个定义的，请用自己的语言阐述你对该定义的理解。

4. 经验之塔理论对教育教学活动有何指导意义？

5. 请阐述自己对行为主义的理解。它对教育教学活动有什么指导意义？

6. 作为一名师范生，你认为现代教育技术将在你未来的教育教学中发挥怎样的作用？

2 教学媒体及环境

■内容提要

　　现代教育教学环境已经脱离了仅靠粉笔+黑板的模式，多媒体设备已经成为教学所需的必备设施。各级各类学校的教室已经由普通教室过渡到了多媒体教室，甚至演变为智慧教室。信息素养已经成为现代教育工作者必须具备的基本素养，对多媒体设备和线上信息工具的熟练使用自然成为现代教育工作者的基本技能。本章从硬件和软件的层面介绍了常见的信息化教学设备的工作原理和使用方法，对基于互联网的信息工具进行了科普性介绍，对重点工具的使用进行了详细介绍，有助于提升学习者的教育技术能力。

现代教育技术（上册）

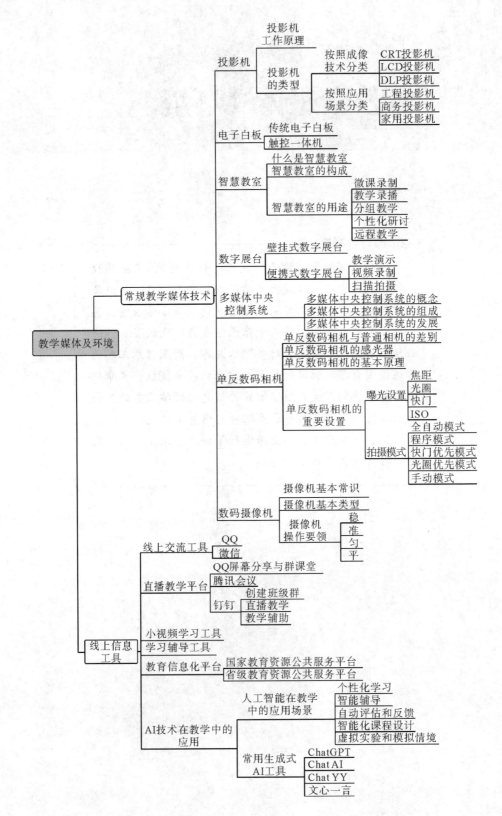

2.1 常规教学媒体技术

2.1.1 投影机

投影机，也称为投影仪。这是一种可以将图像或视频投影到特定荧幕上，起到放大效果的数字设备，是教学过程中常用的一种辅助设备。

1. 投影机工作原理

投影的工作原理实际上就是凸透镜的成像原理。根据凸透镜的成像原理，当物距在焦距和2倍焦距之间时，就能在凸透镜的另一端产生倒立放大的实像，如图2-1所示。

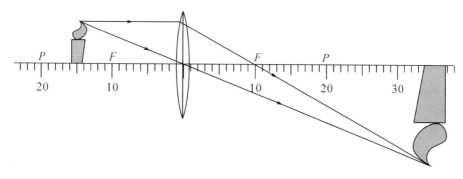

图2-1 凸透镜成像原理

投影机的像源就处在图2-1所示的焦距和2倍焦距之间，只不过这个像源是数字影像而已。

2. 投影机的类型

市场上投影机种类非常多，可谓眼花缭乱，选择适合的投影机就需要对投影机的类型有一定的了解。

（1）按照成像技术分类

①CRT投影机。

CRT是早期的投影机成像技术，也叫阴极射线管成像技术。把RGB三个原色的信号投射到CRT的荧光屏，利用高压下荧光粉的发光原理产生彩色图像。这种成像技术色彩丰富，抗失真能力强，但是其亮度值较低，难以满足用户越来越高的需求，且技术陈旧，机身体积庞大，安装空间受限。

②LCD投影机。

LCD投影机是利用液晶的特性制作的。液晶分子的透光性受到温度的影响很大，利用这个光电效应影响它的光学特性，从而产生不同颜色的图像。这种投影机的体积小，重量轻，运输、使用较为方便，价格低廉，使用成本也较低。

③DLP投影机。

DLP是Digital Light Prosessor的英文缩写，一般称作数字光处理器，它使用数字微反射器为成像器件。DLP 被称为数字投影，是因为它已经真正意义上数字化了，也就是能够把灰度等级划分到 256~1 024 级，且色彩也能达到 $256^3 ~ 1 024^3$ 种，图像更加精确。DLP 投影仪采用数字反射器 DMD 作为关键器件，尤其可以支持多片 DMD，使得这种投影仪的变焦范围更大，可应用于大型场景，分辨率更高，亮度大大提升。

（2）按照应用场景分类

①工程投影机。

工程投影机主要用于大型户外的场景，比如大型户外活动、演出等。这种投影机的投影面积大，投射距离远，亮度要求非常高（往往达到 5 000 流明以上），使用寿命也较长。工程投影机为了满足不同场景的需要，往往还支持多灯泡模式，而且投影机的镜头还可以根据用户的需要在长焦或短焦之间切换。工程投影机的镜头还可以支持电动方式，用户可以上下左右调节镜头的位置，这样就提升了工程应用的适应性。工程投影机的结构和功能复杂，体积比一般商用投影机大得多，造成其价格昂贵。一般为 2 万~5 万元。图 2-2 是一款可更换镜头的工程投影机。

图 2-2　工程投影机

②商务投影机。

商务投影机是应用最广泛的一种投影仪，在各种展出、报告、演讲、教室等场所随处可见。商用投影机的使用场景一般在室内，光线不会太暗，但也不会太强。所以亮度一般为 3 000~3 500 流明，这就能满足大部分的商用和教育场景了。能够支持 800×600、1 024×768、1 280×1 024、1 920×1 080 等不同分辨率，这与商用计算机的分辨率刚好能够匹配。商用投影机不具备可移动、可更换的镜头，一般都是单灯泡。但商用投影机的价格低廉、体积小、质量轻、便于安装，甚至还可以做成便携式投影仪，方便移动办公使用。其缺点是灯泡使用寿命有限，长期使用会导致亮度衰减明显。

③家用投影机。

家用投影机的定位是娱乐使用，场景光线相对较暗，甚至可以关闭光照。所以这种投影机的亮度要求相对较低，一般在 1 500 流明左右。其具有可充电锂电池，不外接电源也能够使用 3 小时左右。接口简单，因为家用投影仪一般都不连接电脑，往往就只提供了 USB 接口，支持播放 U 盘文件。

家用投影机为了满足用户的喜好，往往外观设计精美、别致、颜色多样，体积较小，便于摆放和移动。

家用投影机一般支持有线和无线两种连接方式，由于娱乐性强，往往内置 Android 系统和一些影音播放软件，可以快速直通优酷、爱奇艺、腾讯等网络视频直播频道。图 2-3 为一台家用型投影机。

图 2-3　家用投影机

2.1.2　电子白板

1. 传统电子白板

黑板在教育领域具有不可撼动的地位，是知识传递的经典媒介。但黑板也为广大师生带来了难以逃避的困扰。比如，黑板书写费时费力、板书难以复用与再现、图形图像难以表达，还有当书写量太大时必然导致粉尘飞扬。

电子白板是在计算机和投影机发展起来之后出现的新型教学媒体。它能够在一定程度上代替传统黑板的功能，弥补了黑板的不足；又与电脑、投影机增加了交互功能，解决了把教师定位到计算机旁的不足。图 2-4 为传统的电子白板。

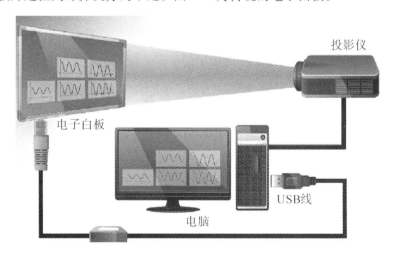

图 2-4　传统电子白板

电子白板在学校的应用场景中，往往用独立支架放置在黑板左右两侧或者嵌入到黑板中央，投影机安装在天花板上，计算机隐藏在讲桌内。从图 2-4 中，我们可以看到，电子白板其实是一套系统，仅靠电子白板本身是无法工作的。完成信息处理的设备还是计算机。但电子白板与传统投影幕布是不同的。传统幕布仅仅起到呈现计算机画面的作用，所有操作需要教师在讲桌上完成，这就把教师定位到了讲桌，因为只要有操作就需要回到讲桌。但电子白板具有交互功能，可以接受教师按键、触摸屏幕等操作，再把对应的指令回传到计算机。也就是说，教师可以在讲台上直接操作电子白板而无需回到讲桌旁。如图 2-5 所示，教师就是直接在电子白板上操作。

图 2-5　操作电子白板

2. 触控一体机

传统电子白板在教学中的长期使用也表现出来一些先天性问题，比如，计算机、电子白板、投影机的开关操作是有特定顺序的。但在使用过程中师生容易忽视这个技术要求，这就可能导致电子白板出现故障而影响教学。尤为凸出的问题是投影机的长期使用必然导致亮度下降，这就容易降低教学体验感。一种能够把计算机、电子白板、投影机的功能三合一，且能一键开关，长期保持亮度的设备就应运而生，这就是触控一体机。随着触控一体机的技术进步，市场成熟，其价格越来越低，它已经成为各级各类教育系统和企事业单位的新型电子白板。图 2-6 为新一代电子白板，也称作触控一体机、智慧屏或会议平板。

图 2-6　触控一体机

这种被称为触控一体机的新型电子白板已经取代了传统电子白板的地位，它不再需要配置投影机和计算机。触控一体机采用符合 OPS（open pluggable specification）标准的插拔式电脑代替传统计算机，由于这种嵌入式教师机具有标准接口、体积小、支持有线和无线网络连接的特点，它直接安装在触控一体机内。图 2-7 是典型的 OPS 模块电脑。

图 2-7　OPS 模块电脑

这种电子白板还可以和普通的以及更高级的黑板整合，形成智慧黑板（如图 2-8 所示），也就是把触控一体机集成到黑板中央，或采用可用粉笔书写的电子屏幕。

图 2-8　智慧黑板

触控一体机的大屏采用非常成熟的液晶显示技术，其发光的颜色、亮度、分辨率都已经远远超越依靠投影的传统电子白板，且随着市场的成熟，其价格持续降低，再配上丰富教学资源和软件，它受到各级各类学校和教育机构的广泛欢迎。

2.1.3　智慧教室

1. 什么是智慧教室

教室通常是指学校为了达成教学目标，向学生传授知识和育人的基本场所。教室没有标准大小，但其基本结构为前面的讲台以及后面的学生座位，将这些容纳在一起形成的一个较大房间。讲台背后的墙上一般安装有黑板或白板，与讲台相对的是学生的座位。

教室有普通教室、多媒体教室、智慧教室、特殊教室（如音乐教室）等不同形态。智慧教室是目前教室的一种高级发展形态，也是知识传播的高级综合体。

智慧教室是指利用现代信息技术将教学内容数字化，实现教育教学的智能化、数据化和网络化。智慧教室通过数字化技术实现了与教育教学的深度融合，整合了多种教学资源和工具，它的教育应用有助于提高教学效率和教学质量。

2. 智慧教室的组成

智慧教室的组成主要包括位于讲台的触控一体机（可以是两台或相当于两台尺寸的触控一体机）、功率放大器、音响、有线与无线麦克风、问答系统等。讲桌上一般配有一台与触控一体机同屏显示的电脑。教师可以在讲桌上操作，也可以直接到触控一体机上操作，效果相同。此外，为了便于录制微课，讲台电脑里应当有微课录制软件。讲台墙面应当具有高清摄像头，用来拍摄学生区域，以备录课所需。

学生区的布置不同于传统教室。为了满足自主学习、分组学习与讨论，往往将学生区的桌椅分组布置，每一组应当预备一个智慧屏幕，该智慧屏既能与教师的触控一体机同屏，也能独立显示。每一组应当备有抢答器和话筒。有条件的还可以每个人配备一台平板电脑，以便随时展示自己的作业。此外，讲台正对的后墙上应当安装高清、长焦摄像头，用以拍摄教师的行为，典型的智慧教室组成如图2-9所示。

图2-9　智慧教室的构成

此外，根据情况，智慧教室的灯光控制系统、资产管理系统、空调控制系统、视频监控系统、人员考勤系统都可以选择性纳入配置。

3. 智慧教室的用途

智慧教室是智慧校园的重要组成部分，它不再是传统教室的单向传递模式，而是教学多元化模式的重要体现。总的说来，智慧教室具备以下基本功能：

（1）微课录制

智慧教室配备有专门针对讲台的教师摄像头，通过相应的控制软件可以自动跟踪焦点，智能化判断教师行为的侧重点，直接以智慧黑板为背景，配以高可靠的拾音设备，可以完美地实现微课录制。这样就能在很大程度上减轻录播教室的压力。

（2）教学录播

与微课录制不同，课堂实录的时间较长，还包括学生情况、互动情况。智慧教室配置了教师和学生摄像头、教师和学生的拾音器。由智能化的软件控制摄像头，能够自动根据师生的行为确定录制的焦点，完成完整课堂教学的录制任务。这样既减轻了传统的依靠人工操纵摄像机录制的压力，而且录制的效果可能超越传统方式的课堂实录。

（3）分组教学

智慧教室具备传统教室难以实现的功能，即分组教学。智慧教室的布局和硬件配置就把学生自动分成了若干学习小组。教师可以根据自己的教学目标，把学习任务分解为若干小组。在整个学习过程中，教师能够完全把控，及时对学习过程中的问题予以解答，对学习的路径和方法予以引导，达到精准化的教学目的。分组教学能够满足各种现代的教学模式的需要，如以学为主、双主模式、翻转课堂等。智慧教室与互联网相结合，使得教学资源和教学经验、学习资源和信息均可以实现共享，既能提升教学效益，更能拓展学习空间。这些是智慧教室相比传统教室的突出特征。

（4）个性化研讨

智慧教室每个小组可以是由教师统一分配并指导，也可以是完全不相关的学习小组、不同年级、不同专业，还可以是不同教研组的教师、研究团队等。因为每个小组拥有的资源就相当于一个多媒体教学环境，拥有各自独立的学习交流空间与资源，完全可以满足个性化学习与探讨的要求。

（5）远程教学

高清智能摄像头是智慧教室必备的设施，与计算机、电子白板、相关控制、录播系统协调，在互联网的加持下，轻松实现远程教学、远程协助和数据交互。智慧教室能高效支持教学、培训、协同办公，使教育不再受到空间和距离的限制。

2.1.4　数字展台

这里的数字展台是指用于教学的微型数字展台，而非工业、展厅和大型会议使用的商务展台。数字展台是中小学多媒体教室的必备教学设施之一，也是教师利用极简技术开展教学活动中很受欢迎的设备。

数字展台在原理上和扫描仪有相同之处，简而言之就是基于光电转换技术的原理，把实物转换为数字化的影像资源，因此数字展台也被称为实物展台。相对于扫描仪而言，数字展台的置物台和扫描主体之间存在一定的高度距离，主体采用高清摄像头完成拍摄功能，因此，数字展台又被称为高拍仪。用于教学的数字展台一般有壁挂式展台和便携式数字展台两种。

1. 壁挂式数字展台

壁挂式数字展台在中小学的多媒体教室中非常普及，一般在教室黑板（智慧黑板）边沿就能看到一个小小的装备，如图 2-10 所示。

图 2-10　壁挂式数字展台

这种壁挂式数字展台位置固定，在教师需要展示的时候即可启用。为了提升用户的体验，数字展台都具备自动对焦功能，只需把要展示的实物放置到平台，展台就能够迅速自动对焦，确保视频的清晰。它与电子白板搭配，具备强大的视频展示功能，支持书籍、试卷、老师课件、学生作业、立体实物展示，还支持视频状态的自由缩放、旋转、属性调节等功能。壁挂式数字展台在不用时能够折叠，缩进自身的小盒子以保证安全。很多壁挂式展台还支持无线鼠标，这样操作起来更容易。

2. 便携式数字展台

便携式数字展台在移动办公和教学过程中尤其能凸显其灵活性。这种数字展台，做工精致，折叠收纳后体积小（能达到普通扫描仪的十分之一），质量轻（可轻至400g），功能强大。这些特征使它更有利于教师备课。图 2-11 为一台便携式数字展台。

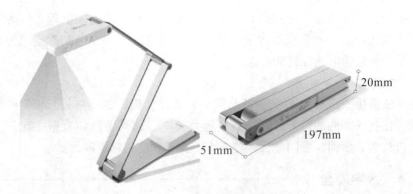

图 2-11　便携式数字展台

在图 2-11 中，可以看到便携式数字展台与壁挂式数字展台相比，明显的差别就在于可移动性，折叠后的小尺寸优势更加明显。便携式数字展台的典型应用有如下三点。

（1）教学演示

数字展台与电脑、电子白板、电视大屏直接连接，可以实现教学演示和直播。通过调整便携式数字展台的位置、角度、支架的弯曲程度，可以把摄像头对准教学示范区域，从而把教师演示的细节投到大屏上，如果需要还可以直播出去。这在很多现场示范性的教学活动中非常实用，比如美术类的绘画教学、书法教学、手工制作等需要展示细节的教学活动。这避免了把学生聚拢到面前围观的传统方式，既能扩大教学规模，又能提高教学效果，还能提升师生的教学体验感。

（2）视频录制

台上一分钟，台下十年功。教师为了上好一堂课，需要做很多准备工作。备课是每一位教师必须面对的工作。有些重复性的、成熟的教学内容和过程可以通过视频教学来完成。数字展台具备视频录制功能，教师可以在办公室和家里使用数字展台，对需要示范的教学活动提前进行排练录制，再结合后期视频的处理完成教学视频的录制。录制好的视频就成为自己的电子教学资源，在很多时候达到事半功倍的效果。

（3）扫描拍摄

数字展台的功能在不断完善进化。不断成熟的扫描拍摄技术让它在日常办公应用中占有一席之地。虽然采用摄像头完成的扫描效果始终无法取代平板式扫描仪的品质效果，但仍能满足很多对效果要求不太高的使用需要。而且数字展台也有自己的扫描优势。比如，在扫描双面证件时，能够自动合成正反面图片为 PDF 格式；对于批量资料的扫描拍摄时，支持多页连拍功能；对于书本等比较厚的材料扫描、曲面文件的自动处理等也是数字展台特有的优势。

便携式数字展台的自身优势在数字化时代获得了很强的生存能力，它在教育、政府、金融、商业等领域都能大显身手。事实上，便携式数字展台正在取代很多办公工具，在无纸化、智能化、移动化、高效化办公方面具备广阔的发展前景。

数字展台的主要参数包括支持的幅面大小、分辨率、变焦范围等，这些是在选择数字展台时需要重点关注的配置信息。

2.1.5　多媒体中央控制系统

早期多媒体教室的建设缺乏系统性，只是简单地将多种媒体设备安装到位，缺乏系统的概念。教师和管理员需要分别对每个设备进行单独操作、控制。对用户技术性要求较高，且故障率高，维护困难。

1. 多媒体中央控制系统的概念

多媒体中央控制系统，简称为中控系统，是现代多媒体教室、多功能厅、指挥大厅等场所，用于集中控制计算机、智慧黑板、液晶大屏、展示台、功放、摄像机、音响系统、灯光系统、电动窗帘、安全门窗等设施设备的一套软件和硬件的集成。它能够提供统一而简单的接口给用户进行操作，让大量复杂的设备操作变成一键化按钮。图 2-12 展示了一种多媒体中控系统的用户操作界面。

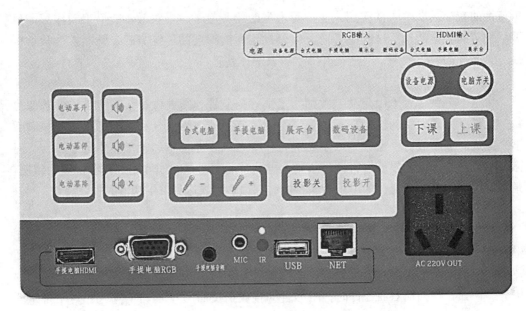

图 2-12 多媒体教室中控界面

这种多媒体中控系统界面具备教师容易接受的操作界面。"上课""下课"两个简单的按钮就能满足多数情况的上课设置，实现众多设备的一键开关。

2. 多媒体中央控制系统的组成

多媒体中央控制系统最重要的是中央控制器，它也是整个系统的核心大脑。它负责与所有受控系统的联系与识别，拥有统一的指令，对相关设备进行控制。图 2-13 为一套中控系统的组成结构图。

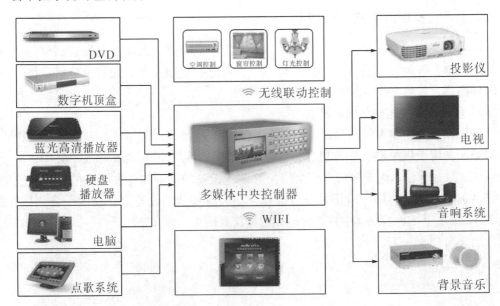

图 2-13 多媒体中央控制系统组成结构图

中央控制系统有着复杂的线路部署和操作协调指令，但这些都已经对用户透明化。呈现给用户的是简洁而统一的一系列接口，接口本身也是一个小型主机，接受用户的操作指令后，转为中央控制器能够接受的指令，如图2-12那样具有易操作性。随着中央控制系统的研究发展，其智能化程度越来越高，比较成熟的操作接口具有轻触式薄膜开关面板、微机图形化操作和触摸显示屏三种形式。图2-12是性价比较高的轻触式薄膜开关面板，这种接口操作简单，很受欢迎，但使用寿命相对微机图形化操作较短。微机图形化操作界面就是一个软件，在电脑中运行，用户利用电脑对其进行操作，这种接口对用户的要求有点高，使用寿命长。此外就是触摸显示屏，其实它也是一台电脑，只不过改为触摸屏控制而已。

3. 多媒体中央控制系统的发展

随着学校对教学基础设施投入的增加，多媒体教室发展会越来越普遍，并向着智慧教室、物联网方向发展。更多的多媒体教室出现后，给维护工作量带来更大的压力，因此多媒体中央控制系统向着网络化发展，将各多媒体中央控制系统通过网络形成更大的中央控制网络系统，这样技术人员就可以通过网络来管理和维护全校的中央控制系统了，既能减轻电教技术人员的工作压力，又能提高各个多媒体教室的使用效率。

2.1.6 单反数码相机

1. 单反数码相机与普通相机的区别

传统的相机以胶片作为感光器，称为胶片相机。以电子元件作为感光器的数码相机克服了传统胶片无法重复使用的缺陷，成为当今相机的主流。数码相机中的高端、专业级产品是单反数码相机。单反相机拍出的照片在清晰度和图片质量上都远超普通数码相机。

单反是指相机的取景器为单镜头反光器，单反数码相机也就是单镜头反光相机，以数码方式记录成像的照相机。单反数码相机和普通相机在对焦方式上存在很大的差别。普通数码相机采用的自动对焦系统（AF），能够让普通用户随手拍，操作简单，从而受到大众的欢迎。而单反数码相机采用的相位差AF的对焦系统，依靠相位差AF模块芯片来完成对焦。这对用户的技术性要求偏高。为了让更多的非专业人士使用单反数码相机，现在很多单反相机具备了反差式对焦功能了。

2. 单反相机的心脏——感光器

生物体能有视觉感应，那是因为视网膜能够接收光的刺激成像。生物体的视网膜就是一种光的感受器，即感光器。

传统相机采用"胶片"作为感光器，记录信息，而数码相机不用胶片，它的感光主要通过感光器来实现。感光器就是通常所说的感光元件，它是数码照相机的核心构成部分。目前数码相机的感光元件主要有两种：电荷耦合器件（CCD）和互补金属氧化物半导体（CMOS）。感光器的尺寸大小是单反数码相机的重要参数之一，因为感光元件尺寸越大，接收光线的面积也就越大，这样就能记载更多图像细节。单反相机的画幅大小如全画幅、APS画幅、4/3画幅等其实就是指感光器件CCD或CMOS的尺寸大小。这也是导致单反相机价格差异的重要因素之一，图2-14是不同尺寸的感光元件。

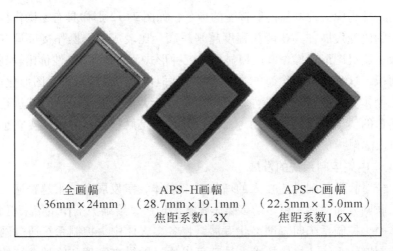

全画幅	APS-H画幅	APS-C画幅
（36mm×24mm）	（28.7mm×19.1mm）	（22.5mm×15.0mm）
	焦距系数1.3X	焦距系数1.6X

图 2-14　不同尺寸的感光元件

不同尺寸感光元件的单反相机拍出的画质不同，总的来说，大尺寸感光元件相机能够拍摄更好画质的照片。当然，照片的效果还与其他参数的设置密切相关。

3. 单反数码相机的基本原理

单反数码相机是利用的光学成像原理来记录影像。当外界景物的反光（也存在发光的情况）形成的光线通过镜头（见图 2-15）到达相机的反光镜，也称反光片，这个呈 45 度的反光片的作用就是把光线向上反射，通过一个特别的连续反光镜——五棱镜，最终通过取景器到达人眼，如图 2-16 所示。

图 2-15　单反数码相机镜头

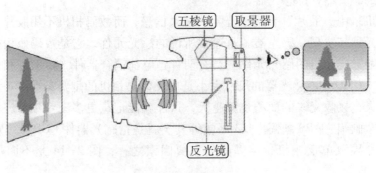

图 2-16　取景

通过取景器的光线在摄影师的视网膜上形成拍摄的目标景物，这种采用反射的光学原理在视网膜上成像的方式几乎没有时差，能够真正实现所见即所得的效果。当摄影师看到的效果比较满意时，需要把图像保存下来，就通过快门按钮来实现。快门也就是拍摄开关。当快门彻底按下到位之后，反光片被抬起，呈水平状态，通过镜头的光线不被反射，而是直达反光镜背后的感光器 CCD 或 COMS，这样就能在感光器上形成所看到的一致的图像，如图 2-17 所示。

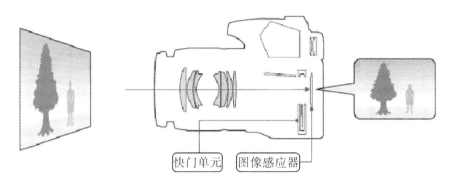

快门单元　图像感应器

图 2-17　拍照

照片拍摄结束后，也就是快门松开以后，反光片迅速落下，呈 45 度，光线再次到达取景器。因此在拍照过程中视觉上有个"闪"的瞬间。也就是完全按下快门至松开快门，这时摄影师是看不见任何画面的，眼前会有一黑的感觉。不过这个时间短，是能够被接受的。因此，可以通过控制快门关闭和松开的时间来控制到达感光器的光线数量，从而影响成像效果。

4. 单反数码相机的重要设置

（1）曝光设置

①焦距。

相机的镜头镜片采用凸透镜，因此物距和焦距的匹配程度决定了成像是否清晰。当物距固定时，可以通过调节焦距来实现成像清晰度。焦距是镜头中心点到主焦点的距离，这个距离的调整如图 2-18 所示。

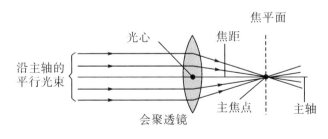

图 2-18　焦距

单反相机镜头有定焦和变焦两种类型，定焦的焦距无法调节，就只能通过移动相机的位置来达到调节图像清晰度的目的。而变焦镜头就可以由摄影师手动或由相机自动转动聚焦环来实现调整，直到取景器画面清晰。

②光圈。

光圈是单反相机镜头的小孔，如图2-19所示，这个小孔的半径是可以调节的。

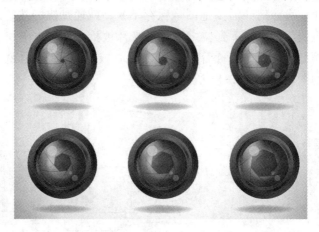

图2-19　同一镜头不同光圈值的对比

光圈大小直接影响到单位时间进入镜头的光线数量，从而导致成像的明暗程度不同。很明显，光圈越大，进入的光线数量越多，成像的亮度就更高；反之，光圈越小，进入的光线数量越少，成像的亮度就越低。

光圈大小的调节可以由摄影师自行设置，也可以由相机自动设置。需要注意的是，光圈大小值的表示为F/2、F/4、F8、F/16，是以分数的形式表达出来，而相机设的置面板一般只显示其分母。因此，数字越大，整个光圈值越小，也就是光圈半径会越小，进光量会越少。反之，进光量会越大。

③快门。

如前所述，快门是用来进行拍摄的开关。快门的速度，是指快门按下到松开之间的时间长短。这不仅仅是手按下和松开的时间，更重要的是那个45度反光镜的反应速度。快门是用来控制感光时间长度的重要装置。

很显然，快门时间越长，进入感光器的光量越多，引起成像亮度更高，反之则更暗。对于运动的物体，时间太长，会导致进入感光器的光是来自不同的画面，这样成像就会变得模糊。

快门速度一般以秒为单位，常见的快门速度有1、1/2、1/4、1/8、1/15、1/30、1/60、1/125等，相机设置面板也只显示其分母，和光圈的表达一样，数字越大，时间越短，快门速度越快。

④ISO。

ISO指的是照相机的感光度，它反映照相机的感光器CCD或者CMOS对光线的灵敏程度，可以用来调节成像时的曝光控制。

ISO的值是100的整数倍，如100、200、400、800、1 600、3 200、6 400等。数值越大，感光度越强，成像越亮；数值越小，感光度越弱，成像越暗。ISO参数值的调节要根据外界光线的强弱来设置。如果在缺乏光照的室内，就需要调整ISO的亮度以增加曝光度，使图像更亮。另外，在进行高速拍摄时，由于曝光时间极短，即使光圈值开到最大，进入感光器的光量也很有限，难以达到成像的亮度，这时候就需要调大ISO

的值来补充。还有，如果采用长焦镜头拍摄，也需要适当提高 ISO 参数。对于光线充足的室外拍摄，ISO 的值保持 100、200 就可以了。

几乎所有的单反数码相机都支持多种拍摄模式，例如程序模式、光圈优先模式、快门优先模式、手动模式、全自动模式等。摄影师可以根据自己的拍摄技术水平和景色的特性合理选用相应的模式进行拍摄。

相机的光圈、快门、ISO 是直接影响拍摄效果是否明亮的三大参数，明白原理后，还得依靠经验来设置具体的参数值，才能获得满意的效果，这就是单反数码相机对摄影师的要求较高的主要原因。

（2）拍照模式

几乎所有单反数码相机都支持全自动（Auto）、程序（P）、快门优先（S/TV）、光圈优先（A/AV）和手动（M）等不同的模式。单反数码相机都提供了不同模式的拨盘开关，如图 2-20 所示。

图 2-20 单反数码相机的模式拨盘开关

有的单反数码相机的模式在拨盘上没有直接标注代表字母，而是在转动模式拨盘时在右侧 LED 肩屏上显示对应模式的代表字母。不同型号的单反相机的模式有差别，但基本模式都具备，更多的模式请参见具体的产品说明书。

①全自动模式。

全自动模式也就是常说的简易模式。这种模式对摄影师的要求非常低，只需按快门即可。相机的光圈、快门、感光度、焦距、闪光等都不需要调节，相机会自动判断并进行设置。这种模式是为了满足初学者。利用这种模式，只要摄影师学会构图，按快门稳定，就能拍摄出合格的照片，但很难达到最佳效果。

②程序模式。

程序模式也叫程序自动曝光模式，很接近全自动模式，由相机的程序自动根据外界光线计算出需要的曝光量，自动选择相机厂家设置的光圈、快门、ISO 等参数的曝光组合。但是，这种模式允许在程序设置的基础上，由用户手动设置除了光圈和快门之外的其他参数，相当于半自动相机了。这种模式不太适合夜景、烟花等场景。

③快门优先模式。

快门优先模式属于半自动模式的一种，也就是由摄影师手动定义快门速度值，相机程序结合外界光线情况计算出需要进光量。在快门速度值确定的情况下，自动计算出光圈值、ISO 感光值。采用快门优先一般用来拍摄动态影像，也就是抓拍功能，如行人、汽车、飞鸟、雨滴等。如果快门速度跟不上，成像就是模糊的。

④光圈优先模式。

这种模式属于一种半自动拍摄模式，它允许摄影师手动调整光圈值，相机程序根据外部光照和光圈值计算出需要的曝光量，从而计算出需要的快门速度等其他参数，达到自动曝光的效果。

使用光圈优先模式的目的是想得到不同景深的图像。因为光圈值直接影响照片景深效果，也就是远近不同对象的清晰程度。如在进行风景图片拍摄时，希望近处和远处的景物都要尽可能清晰，就可以考虑使用较小的光圈。而在拍摄人像时，为了突出人像，尤其单人生活照时，远处的背景则不需要特别清晰，因此就可以就设置较大光圈。

光圈对图片效果的影响可以简单描述为：小光圈值=大光圈=浅景深=模糊的背景；大光圈值=小光圈=深景深=清晰的背景。

⑤手动模式。

手动模式也称手动档，一般在机身模式转盘或 LED 屏上用 M 表示。手动模式对拍摄者的摄影技术要求很高，必须熟练结合外界光线，掌握曝光技巧，调出完美的参数匹配，才能拍摄出高水准照片。完整的手动模式除了档位调整到 M 档之外，还需要把镜头的 A/M 开关切换到 M 位置，实现镜头的手动调整。另外，还需要将相机里面的对焦模式开关切换到 MF 档位，这才是全部的手动对焦设置。

使用手动模式拍照除了需要自己对焦之外，还需要熟练掌握和灵活运用曝光，因为在这种模式下，光圈、快门、ISO 等值都应该随着拍摄者的取景和对应的光线条件进行更改。这需要长期练习，才能提升对光线的敏感程度。对曝光因素之间的关系掌握可以参考图 2-21 的曝光三角关系。

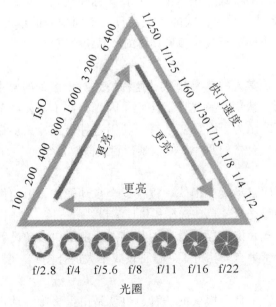

图 2-21 曝光三角关系

2.1.7 数码摄像机

1. 摄像机基本常识

摄像机是一种能够把光学图像信号转变为电信号的专业设备，和数码相机一样利用CCD/COMS等感光元件形成图像信息，只不过这些图像是动态的。摄像机都具备同步录音装置，以保证画面与声音的一致性。数码摄像机被广泛用于教学、宣传、娱乐、交通、安防、航空、军事等领域。

2. 摄像机基本类型

摄像机的种类很多，根据不同标准，可以把摄像机分成很多类型。比如根据传输和记录信号的不同可以分为两种：模拟摄像机、数码摄像机。现在，模拟摄像机已经很少使用。数码摄相机根据传感器的不同可以分为CCD摄像机和COMS摄像机，根据外形不同可以分为球型摄像机、半球摄像机、枪式摄像机、针孔摄像机等；根据分辨率不同可以分为标清摄像机、高清摄像机、4K及以上摄像机；根据使用方式不同可以分为肩扛式摄像机、手持式摄像机、固定式摄像机；根据用途不同可以分为家用级（也称消费级）摄像机、专业级摄像机、广播级摄像机。其中专业级摄像机和广播级摄像机的品质较高，价格也较高。图2-22是三种不同类型的的摄像机。

图 2-22 三种不同摄像机

图2-22中，自左向右分别为：家用级（消费级）摄像机，这种相机外观精致，携带方便，手持操作即可完成拍摄任务；专业级摄像机，一般用各类宣传片的拍摄，人物专访等，操作方式为肩扛；广播级摄像机，品质最高，一般需要固定拍摄，使用其影棚、演播室拍摄才能获得更好的效果，比如用来拍电影等。

3. 摄像机操作要领

摄像机的拍摄与数码相机的拍摄有差别，因为数码相机的拍摄时间很快，快门速度一般很短，一闪而过。而摄像机的拍摄过程是持续的，这就对拍摄过程的要求有所不同。总体来说，可以用"稳、准、匀、平"等几个字来总结。

（1）稳

稳是指拍出的画面应当稳定而不晃动，因为晃动的画面令人感到不安和疲惫，一旦观众有了这种体验，就不想继续看下去。所以采用手持式相机进行拍摄难度更大。手持难以保持画面稳定，需要采用三脚架或云台支持，再配合摄像机自身的摇把、变焦杆、遥控器等设施以保证画面的稳定。

（2）准

操作摄像机要求在构图、聚焦、色彩还原三个方面尽可能准。构图要准，根据拍摄的对象、拍摄主题，结合场景布局、机位选择，在拍摄过程中采用"推、拉、摇、移"动作，灵活地调整构图。构图准能凸显画面的表现能力，使作品更具艺术感染力。

聚焦要准是为了保证画面主体的清晰程度。对于运动的主体更要注意拍摄的焦点要随主体的改变而改变，保持画面主体移动过程也是清晰的。根据数码摄相机的经验，对于有景深要求的画面，可以适当减小光圈、远距离拍摄。当然对于主体的特写聚焦时，就应当把焦距推到最长位置，再调整聚焦保证画面清晰。如果需要拍摄有变焦过程的镜头，可先在长焦的情况下保证合适的聚焦，再调整到广角，从广角开始推镜头，这样就能保证全过程画面清晰。

色彩还原也要求准，也就是需要尽可能还原色彩（故意偏色除外）。拍摄的对象需要保持一定的亮度和光比（明暗比例），摄像机的光圈也要控制得当。实际拍摄时需要抓住重点，对于部分光亮的细节进行取色也非常重要。此外可以考虑使用滤色片来进行黑白平衡调整。

（3）匀

"匀"是指拍摄过程中，镜头的运动要均匀，让画面流畅。因为对镜头的操控不均匀，会导致画面跳跃性过大，不连续。这就要求拍摄者操纵摇把、变焦杆的动作要保持匀速，做到缓动缓减速。

（4）平

"平"是指画面中的水平线要平，这样才能保持画面的平，而不是倾斜的。因为拍摄画面很容易找到水平线或垂直线作为参考，如果画面不平，观众很容易就发现了，会误以为是地震画面。

初学者容易犯的错误，就是频繁地推拉镜头，让画面忽远忽近。这被称为"拉风箱"。另外，还要避免镜头不停地左右摇摆，这也被称为"刷墙"行为。总之，视频拍摄时的动作不要太大，太过频繁。

2.2 线上信息工具

2.2.1 线上交流工具

伴随网络技术的发展，信息技术在教学活动中的应用日趋普及。师生之间、家校之间的联系方式也更为多样。线上交流工具就是基于互联网的现代交流手段，基于网络的线上交流工具很多，除了留言簿方式的非即时交流工具，还有更受欢迎的即时通信软件，如 QQ、微信、飞信、Messager 等。国内还有很多小众的在线交流工具。这里只介绍 QQ 和微信。

1. QQ

QQ 是由中国腾讯有限公司开发的一种聊天软件，它是国内应用最早的线上交流工具。QQ 自诞生开始就受到欢迎，至今已经拥有约 2.4 亿用户，QQ 自身也在不断迭代、完善和升级，QQ 9 已经上线使用，并全方位支持 IOS、Android、Windows、Linux、macOS 等主流操作系统。

作为即时通信软件，QQ 能够在第一时间通知用户有新的消息到来，这些消息可以是文字、语音、图片和视频。由于 QQ 主要是基于 PC 的即时通信，所以它在线上交流的过程中，在文件发送、远程协助等功能方面就特别擅长。其在师生交流和家校交流中应用非常广泛。因为在师生线上交流的过程中，相互发送的信息除了文字、图片之外，可能还有文件。而QQ对大文件的支持就很有优势。在交流过程中，教师可以主动控制学生的电脑进行指导操作，学生也可以主动申请教师对自己电脑进行远程协助。因此，通过线上交流、指导就能缩小时间和空间的限制，提高教学效率。

2. 微信

微信也属于中国腾讯有限公司开发的即时通信软件，与基于PC的QQ软件不同，微信主要是针对移动设备开发的线上交流工具。微信虽然比QQ年轻，但得益于智能手机的发展，其用户数量增长速度远超QQ，已经超过5.7亿，而且会越来越多。同时微信还走出国门，在国外的发展势头也很强劲。

微信和QQ同为即时通信软件，但微信定位移动端，其便利的特性受到用户欢迎。由于微信在文字、语音聊天方面利用手机就可以给用户更简便的体验，可以简单到只需要说话就轻松完成交流，对用户自身素养的要求更低，所以它在在线交流方面可谓老少皆宜。教师、学生、家长一般都有智能手机，教师和学生往往同时有QQ和微信，那么纯文字的交流，师生之间往往直接通过微信完成。但很多家长的手机端往往只有微信这样的交流工具，而且教师与家长之间的交流一般就只有文字、声音及少量的图片等交流内容，所以微信也是家校交流的主要手段。

2.2.2　直播教学平台

近年来，直播教学的热度有所下降，但并非不再使用。遇到特殊情况，如部分学生无法到校、教师因特殊情况无法到校、远程教育等情况都需要使用直播教学。提供直播的软件平台已然很多，这里介绍几种最常用的直播教学平台软件。

1. QQ屏幕分享与群课堂

QQ作为最早的即时交流工具，推出了屏幕分享和群课堂两大特色功能。用户不需要额外安装软件，直接在QQ群里使用即可，功能简单、实用。对课堂管理要求不高的情况下就可以使用该工具开展直播教学，这也是"极简"技术在教学中的应用手段之一。图2-23就是基于QQ群的屏幕分享与群课堂。

图2-23　QQ屏幕分享与课堂

QQ 群的屏幕分享与群课堂均可以用来直播教学，但在功能上存在一定的差别。其中屏幕分享可以选择群里的部分成员来参与，而群课堂则是面对全体群成员。群课堂相比屏幕分享增加了交流功能，从功能上来说，比屏幕分享更完善一些。

在 QQ 的群聊天窗口可以看到如图 2-24 所示的"课"图标，点击这个图标就可以启动群课堂功能，同时向群里的所有成员发送出如图 2-25 所示的上课通知，群成员如果在线，QQ 会自动弹出上课通知，点击"立即加入"就可以进入课堂。

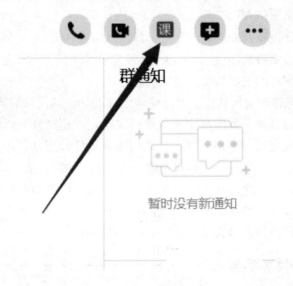

图 2-24 QQ 群课堂图标

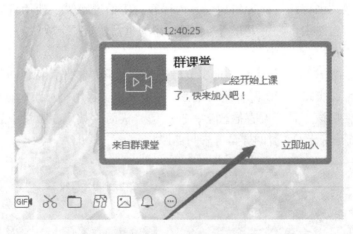

图 2-25 加入群课堂通知

教师端点击"开始上课"按钮就可以上课，可以选择是否分享屏幕或窗口、分享PPT 或播放视频。如果不分享这些就直接讲课，学生端可以看到授课老师，听到声音，实现网络授课。

2. **腾讯会议**

腾讯会议在疫情期间大显身手，占据了网课的七成市场份额，尤其对于规模较大的网络课程，其他平台往往在技术上难以实现。腾讯会议提供了免费和收费服务。其中收费服务在入会人员规模上有较大的提升，比如可以进行 300~2 000 人规模的会议；单次会议的时长限制也由 60 分钟改为不受限制；对在线同步录制空间也有了更大力度的支持，比如可以达到 200 G 以上，甚至没有限制；录制视频的品质由 720 P 提升到 1 080 P，而且还支持多达 50 个分组的讨论。如果仅仅用于小规模网络直播教学，教学时长一般不超过 60 分钟，那么采用免费版就可以满足需求了。

　　腾讯会议提供微信小程序版本、手机 App 版本、电脑版本。其中小程序版本最为方便灵活，只需要在微信中点开会议链接就可以进入会议（网络课堂）。但这种方式不支持主持会议，也就是授课教师无法使用小程序版本。要使用更全面的功能就需要采用电脑版或 App 版。教师使用腾讯会议需要在 App 或电脑上登录腾讯会议软件后再发起会议，如图 2-26 所示。

图 2-26　主持会议

　　在图 2-26 中，如果作为学员，就只需要点击"加入会议"就可以进入课堂，实现线上直播听讲。作为教师，可以使用"快速会议"功能，完成同一个班级的的重复教学，不需要更换会议号。对于临时的讲座，可以预定会议，时间一到就自动开始。

　　3. 钉钉

　　钉钉是钉钉科技有限公司开发的视频会议直播软件，提供了 Windows、Linux、Macos、Android、Ios、Ipados 等环境的支持程序。钉钉还提供 XR 设备专用客户端，能够最大限度地满足不同设备用户的需求，图 2-27 是钉钉登录后的主界面。

图 2-27　钉钉主界面

需要注意的是，使用钉钉频率不高的用户，很容易忘记密码，这种情况下只能依靠注册使用的手机端通过短信、人脸、旧设备或人工申述的方式找回密码。

（1）创建班级群

初次使用钉钉，需要在注册钉钉用户后登录，从图 2-27 的主界面中可以看到"创建班级群"按钮，点击就可以很轻松地完成班级群的建立。从图 2-28 所示的创建的班级群类型中，选择自己合适的群类型即可。如果仅仅用于直播教学，选择师生群或培训群两种类型都可满足要求。

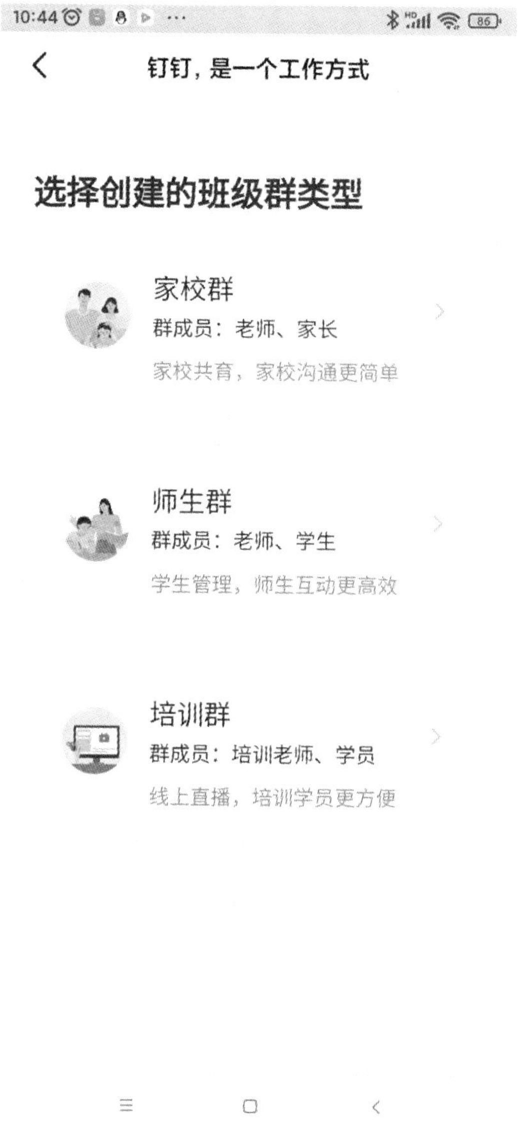
10:44
钉钉，是一个工作方式
选择创建的班级群类型
家校群
群成员：老师、家长
家校共育，家校沟通更简单
师生群
群成员：老师、学生
学生管理，师生互动更高效
培训群
群成员：培训老师、学员
线上直播，培训学员更方便

图 2-28　创建班级群界面

当班级群建立好之后，班级群里只有老师一个人，还需要把这个班级群分享给学生，让学生通过钉钉程序加入到这个班级群中，班级群才有成员，才能开展授课。在图 2-27 的主界面中可看到已经建立好的班级群名称，直接点击就可以进入群，进入群之后能够查看已经进入群的成员。如果需要把群分享给其他学生，只需要点击群名称右侧的“...”标志，显示为图 2-29 的群属性界面，在其中找到群二维码、班级号信息，把这些信息分享给学生，学生就可以通过自己的钉钉加入班级群，教师端在群里就会发现新增的群成员了。

图 2-29　群属性界面

（2）直播教学

直播教学可以在手机上完成，不过教师一般使用 PC 端，这样可以共享自己桌面、课件、视频，也可以通过摄像头展示自己的实际操作、示范动作。在进入班级群后，就可以在群聊天窗口顶部发现直播按钮，如图 2-30 所示，点击它就可以快捷进入直播课堂，也可以在钉钉左侧的导航栏处点击会议进入直播，如图 2-31 所示。

图 2-30　直播教学

图 2-31　钉钉会议

（3）教学辅助

教学过程除了采用直播之外，钉钉还提供了其他辅助功能，协助教师完成相关的教学辅助任务。从图 2-32 可以看出，钉钉为班级群提供了相册功能，可以记录学习、实践、学生成长过程的系列照片；钉钉还可以让老师轻松完成作业的布置，学生提交作业以及教师对作业的批改功能；长期开展线上教学，班级管理必不可少，可以使用钉钉的"打卡""签到"功能，方便对学生进行考勤；利用通知功能，老师可以提前把重要的事情发送到学生端；还可以利用"接龙""班级填表"功能完成活动报名、征集、选举等工作。

图 2-32　教学辅助功能

充分发挥钉钉提供的各种教学辅助功能，能够让线上教学的成效得到充分的保障，在某些方面相比线下教学更有优势。当然，如有必要，即使线下教学，也可以利用钉钉的教学辅助功能，协助完成教学，达到互补的效果。

2.2.3　小视频学习工具

视频教学是现代教育的必备手段之一，"教育信息化 2.0"实施以来，中小学的教学硬件条件已经得到显著改善。"三通两平台"也已建成。信息化能力提升工程也助力提升了教师的信息化应用水平。软件硬件条件发展成熟，视频教学在课堂教学中的应用越来越普及。

小视频学习工具相对微课更具有灵活性，做到了"身轻如燕"，是"极简"技术应用到教学中的重要体现。教师在备课、教学中的即兴发挥都可以借助小视频工具来分享。教师只需找到自己认为合适的小视频并收藏，在需要的时候通过手机投屏的方式进行分享。

小视频学习工具很多，最常见的有"哔哩哔哩""抖音""小红书""微信视频号""QQ小世界""微视"等工具，功能良莠不齐，内容也是五花八门。利用小视频学习工具教学时，教师们对视频内容要做到精心挑选，对于粗制滥造、不合时宜的视频一定要拒之门外。图2-33是常见的小视频工具。

图2-33　小视频工具

由于小视频工具完全是开放式运营模式，视频种类繁多，视频作者素质各不相同，其中还充斥着不少的广告等，所以这些小视频工具不建议向低龄段学生推荐。教师从中挑选出适合教学的小视频用于教学或分享即可。

2.2.4　学习辅导工具

在现代教育过程中，辅导占据了很重要的位置。仅靠教师的讲授已经不能满足教育的需要，教育教学效果也会停滞不前，或者说进步较慢，尤其在教学信息量与日俱增的今天，课堂讲授知识占比已经下降不少，辅导的重要性就更为明显。

学习辅导的形式也趋于多样化，教师课堂辅导、家长参与辅导、学生自行辅导等形式是主导。教师在课堂讲授完毕后的空余时间、作业点评时间或自习时间都可以有针对性地进行辅导，这是最好的方式，因为教师能够根据学生的状况进行专业性辅导，这也是对教学和备课进行反思的必要手段。在基础教育过程中，家长参与课后辅导的情况更为突出，家长也有辅导的积极性。学生自行辅导也是重要的补充。在家长不能完成辅导任务时，学生自行辅导就更显重要了。

完成辅导任务需要更宽的知识面，拓宽教材内容。普通家长可能无法胜任，在这种情况下，各种学习辅导工具就应运而生。影响力比较大的的学习辅导工具有"作业帮""猿辅导""小猿搜题""作业精灵""快对""洋葱数学""纸条""掌上物理"等，图2-34为常见的辅导App。

图 2-34　辅导 App

这些辅导 App 可以在教师备课的时候、家长为孩子辅导前做准备时，以及孩子自己在有条件的情况下使用。学生使用这些辅导软件需要加强引导，合理利用，一旦学生养成依赖后就不愿意动脑思考，虽然作业完成得很好，但其实是假象，遇到考试就暴露原形。

2.2.5　教育信息化平台

比较有代表性的教育信息化平台有教育管理公共服务平台和教育资源公共服务平台，用于教学活动的是教育资源公共服务平台。基于互联网的教育信息化平台很多，这里介绍全国性的公共服务服务平台。我国基础教育领域应用广泛的是国家教育资源公共服务平台和省级资源公共服务平台，一些地级市教育主管部门还建设了极具地方特色的地方资源公共服务平台。

1. 国家教育资源公共服务平台

国家教育资源公共服务平台是由教育部主管，中央电化教育馆负责承建的全国性教育资源共享平台。它主要服务于我国基础教育领域，是为全国中小学教师搭建的网络交流、资源共享和应用平台。平台集中了我国基础教育领域的优质资源，为全国中小学教师免费开放并提供个性化服务。国家教育资源公共服务平台的推广和应用，有力推动和巩固了我国信息化建设的"三通两平台"建设成果。图 2-35 展示了国家教育资源公共服务平台（https://www.eduyun.cn/）首页。

图 2-35　国家教育资源公共服务平台首页

国家教育资源公共服务平台主要由"智慧中小学""找资源""看教研"三大服务板块，以及"资源频道""专题活动""德育科普""成果展示"等专题频道构成。几乎所有与中小学教学活动相关的优质课件、活动、资料、教材、教程都可以在这里找到，它是教师备课、授课和提升自我的有力帮手。

2. 省级教育资源公共服务平台

省级教育资源公共服务平台是按照教育部的总体要求，由各省级单位的行政主管部门主办的地方性教育公共服务平台，这些平台根据地方的教育政策，建设了更符合地方特色的教育资源平台。图2-36为四川省教育资源公共服务平台（https://www.scedu.com.cn/）首页。四川的教育资源公共服务平台也称四川中小学智慧教育平台，分为"德育""课程学习""体育""美育""劳动教育""课后服务""教师研修""应用活动""特色专区""电子教材"10个频道。更贴近四川"五育并举"的教育指导精神，涵盖了基础教育领域所有教育教学及相关活动。四川省教育资源公共服务平台还推出了广受师生和家长欢迎的"课后服务"频道，在很大程度上解决了学生课后的学习与辅导问题，尤其在一些民族地区，学生课后回家后，与教师的沟通不便，"课后服务"频道填补了教师难以辅导的空白。

图 2-36　四川省教育资源公共服务平台首页

在"特色专区"服务中,由一些名校、名师提供了适合四川少数民族地区的教学资源。因为少数民族地区学生对于普通的优质资源的理解存在一定难度,进度上也难以跟进。"特色专区"专门针对四川主要的少数民族地区,制作相应的教学资源,这样就便于少数民族地区的师生找到适合的教育资源,也对教育资源平台的推广应用起到积极的作用。图 2-37 是四川省教育资源公共服务平台推出的"特色专区"中的专区资源。

图 2-37　特色专区资源

特色专区资源还可接收少数民族地区教师自己形成的优质资源,每一名教育工作者都可以自由申请注册账户,通过后台提交自己的教育资源,经审核通过就可以在平台上分享自己的教育成果和经验。地方政府还提供了政策支持,对于在省级平台发表作品的教师给予相应的奖励。

2.2.6　AI 技术在教学中的应用

人工智能(AI)技术是目前科技领域中一个备受关注的热门话题,它的发展历程可以追溯到 20 世纪 50 年代。随着计算机技术的不断发展和算法的不断优化,人工智能技术的应用越来越广泛。深度学习的提出极大地推动了人工智能技术的发展,也实现了人工智能在更多领域的应用。

1. 人工智能在教学中的应用

人工智能(AI)技术在教学中的应用很广泛,它可以为学生和教师带来很多便利和技术支持。以下是一些常见的应用。

(1)个性化学习

人工智能技术可以根据学生的学习情况和特点,为其提供个性化的学习路径和资源。通过分析学生的学习数据和行为模式,AI 可以给予针对性的指导和反馈,帮助学生更好地理解和消化知识。

(2)智能辅导

AI 技术可以扮演智能辅导员的角色,为学生解答问题、提供答案和解析,甚至能够进行实时的语音聊天交流。这种智能辅导可以为学生提供即时的帮助,提高学习效率。

（3）自动评估和反馈

AI 技术可以自动评估学生的作业、测验和考试答案，并给出即时的反馈。这样可以减轻教师的工作负担，同时也让学生更清楚地知道自己的学习水平和不足之处，以有针对性地改进。

（4）智能化课程设计

AI 技术可以根据学科特点和学生需求，智能化地设计和推荐课程内容和教学资源，帮助教师更好地规划教学内容和教学方法。

（5）虚拟实验和模拟情境

AI 技术可以提供虚拟的实验环境和模拟情境，让学生进行实验和操作，从而提高实践能力和理解能力。这对于某些实验条件受限或危险性较高的学科尤为重要。

总的来说，人工智能技术的应用可以帮助提升教学效率，促进学生的个性化发展，并且减轻教师的工作负担，为教育领域带来更多的可能性和机遇。

2. 常用生成式 AI 工具

从理论上说，凡用于教学的软件以及这些软件的硬件载体都属于 AI 教育教学工具，只不过不同的工具在人工智能化程度上有不同的差别。最近兴起的生成式软件正盛，其智能化程度很高，是公认为典型的 AI 工具。这些工具可以在不同行业得到应用和推广，教育技术行业作为教育领域的前沿科学，自然努力将这些工具与教育教学结合起来。常见的有 ChatGPT、ChatAI、ChatYY、文心一言、智普 AI、通义千问等。

（1）ChatGPT

ChatGPT 是首个生成式 AI 工具，ChatGPT 是一种基于自然语言处理的语言模型，它是由 OpenAI 开发的一种生成式对话模型。GPT 代表"生成型预训练模型"（generative pre-trained transformer），它使用了强大的深度学习模型和海量的文本数据进行预训练。

ChatGPT 的目标是能够就多种领域的问题进行人类般的对话和回答。它通过对大规模文本数据进行预训练，学习到语言的结构、语法规则和常见的语义关系。然后，在实际的对话中，ChatGPT 就可以根据用户的输入生成连贯、有逻辑的回答。

ChatGPT 的优点在于其能够处理开放领域的对话，并且可以适应不同类型的问题。它可以进行常见知识的查询、问题的解答，还可以进行类似闲聊的对话。

ChatGPT 已经从 3.0 升级到了 4.5，不仅能够接受文本输入，还能够接受图片的输入，也就是说它能够帮助我们完成看图写话的任务。ChatGPT 在对语言的理解力方面有了显著的提升，还能够理解对话的语境。其他升级功能不再一一阐述。

（2）ChatAI

国内用户很难直接使用 ChatGPT，而 ChatAI 则基于开源的 GPT 模型进行构建，这使它在国内有很大的应用市场和前景。ChatAI 具有广泛的应用领域，可以为用户提供咨询、指导、答疑等各种服务。它可以回答常见问题，提供相关信息或建议，并且可以进行智能问答、语音识别等功能。用户可通过输入问题、对话主题或语音交互来与 ChatAI 进行交互。

ChatAI 的优点在于其高度智能化和多样化的能力。它经过大量预训练和数据训练，具备了一定的语言理解和推理能力，可以生成连贯、有逻辑的回答。它还能够根据用户的输入进行上下文理解，提供个性化的回应。

ChatAI 是基于 WebTab（一种基于 Edge 浏览器的插件）的一组组件，具有与 Chat-GPT 完全相同的操作界面，如图 2-38 所示。

图 2-38　ChatAI 操作界面

由于 ChatAI 是基于 GPT 模型开发的，我们可以放心使用，其实就是 ChatGPT 的国内版。只不过其使用模型不是 GPT 最新的模型，但不妨碍我们在教学活动过程中使用。

（3）ChatYY

与 ChatAI 类似，ChatYY 也是针对国内用户难以直接使用 ChatGPT 的问题而开发的国内版，但 ChatYY 更像一个大容器，用户可以根据自己的需要选择不同训练模型，包括 GPT 3.5、GPT 4.0、Claude、Mjdjourney、Claude 和其他模型。

ChatYY 可以选择不同模版，这些不同的模板代表了不同应用场景，并示范了怎样提问。用户可以在不同的模板基础上修改和完善向 AI 提出的问题，这对初学者的帮助非常大。图 2-39 就为 ChatYY 提供的"语言学习"类下的"英语学习"等模板。ChatYY 提供"语言学习""代码开发""文案生成""学术帮助""效率办公""学业辅导""生活助手""旅游攻略""个人模板"等几大类型。

图 2-39　ChatYY 操作界面

当然用户如果对这种生成式 AI 的运用非常熟练，就完全不用考虑使用模板，自己直接在对话框内输入问题的描述即可。

（4）文心一言

文心一言是由百度公司开发的 AI 工具，不再依赖 ChatGPT 的模型，它利用自己的语言模型，以更契合汉语习惯的方式提供服务，因此在很多方面深受我们喜爱。图 2-40 为登录后的文心一言运行界面。我们可以看到文心一言给出的话题引导，抛出了"写文案""生活质感""打工人""趣味测试""聊聊天""画幅画"等话题类型。用户可以选择话题类型后，继续撰写话题内容，把自己的话题整理后交给文心一言完成，最后对它完成的结果进行判断，然后继续修改、完善问题。这样不断迭代，直至获得满意的结果为止。我们可以看到，文心一言的使用方式和其他 AI 工具几乎相同。

图 2-40　文心一言的运行界面

在教学过程中，教师可以根据自己的习惯和爱好选择不同的 AI 工具。除了对工具熟练掌握之外，更重要的是要善于表达自己的诉求，也就是要用 AI 能够理解的语言来准确表达自己的目的，才能生成较为理想的结果。在教学过程中，教师的地位依然是不可动摇的，无论多么先进的 AI 工具，扮演的作用一定是辅助教学。教师需要结合自己的工作，对 AI 的生成结果进行正确判断和理解，选择性使用、完善和升华，只有这样才能不断提升自己的教学水平和教学效果。

思考与练习

1. 投影仪在使用过程中亮度越来越低的主要原因是什么？

2. 电子白板本质上是一台教师机，除了键盘和鼠标之外，还可以用什么作为输入设备？

3. 观察自己学校的智慧教室主要有哪些设备，如何使用？

4. 简述一下专业数码相机的曝光三角形蕴含的原理。

5. 了解自己学校的视频展台是哪个品牌的，如何使用？

6. 用扫描仪扫描一本书的封面和封底，形成一个 PDF 文档。

7. 扮演教师的角色，使用直播教学软件开展一个 5 分钟的教学活动，并同步录制视频。

8. 在小红书里找一个数学故事。

9. 通过教育资源共享平台，找一个与自己专业相近的教学资源来学习。

10. 利用 AI 工具，提供一张图片，试试看图写话的功能。

3

信息化教学设计及案例

■**内容提要**

本章主要介绍教学系统设计的基本概念、特征，并在此基础上探讨教学设计过程模式的基本要素和应用范围。重点阐述"以教为主""以学为主"和"主导—主体"教学设计的基本方法和步骤，以及在各种教学模式下制定教学策略的基本方法，列举教学实例，进一步加深教学设计的应用。

本章思维导图

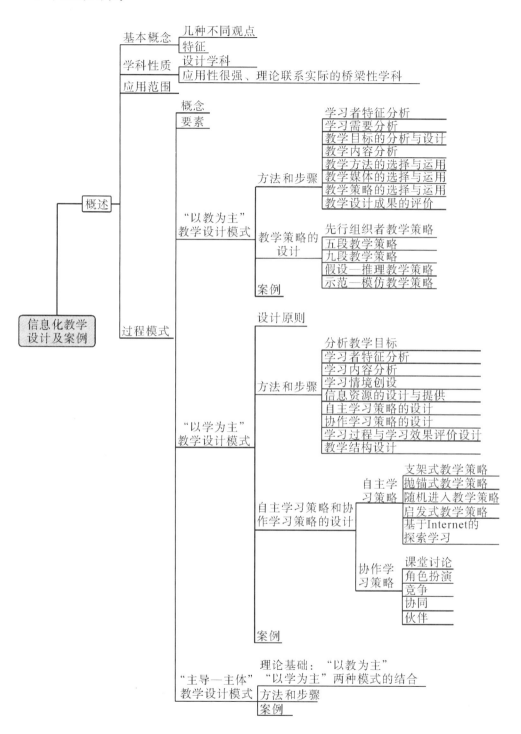

3.1 信息化教学设计及案例概述

20世纪50年代，系统方法在各个领域得到广泛应用，教育学家也将系统方法运用于教育界。20世纪60年代末期，很多教育技术研究者认为用系统方法能解决教学实际问题，将其应用于教育技术研究中，逐步形成教学系统方法，初步形成了教学系统设计的理论和方法体系。进入20世纪80年代，教学系统设计的理论和方法体系得到进一步发展，逐步建立起了一门独立的学科。

教学设计日益受到重视，它的应用范围广阔，但究竟什么是教学设计呢？

3.1.1 教学设计的基本概念

教学设计（instructional design，简称ID），通常也称为教学系统设计（instructional system design，简称ISD），它是在综合多种理论的基础上发展起来的一门学科，是以传播理论、学习理论和教学理论为基础，运用系统论的观点和方法，分析教学中的问题和需求从而找出最佳解决方案的一种理论和方法。

1. 教学设计的几种不同观点

到底什么是教学系统设计？看法很多。分析对比国内与国外比较有代表性的观点，教学设计的定义可以概括为如下几种情况。

①教学设计是一个计划的过程。

这种观点认为教学系统设计是研究、解决教学问题的过程。1992年，加涅的观点认为，教学是一系列的事件，目的在于通过促进学习来直接影响学习者，而教学设计则是一个系统化规划教学系统的过程。1994年，肯普提出，教学设计是利用系统方法分析研究教学过程中相互联系的各部分的问题和需求，确立解决它们的方法步骤，然后评价教学成果的系统计划过程。1999年，史密斯-雷根提出，教学设计是指运用系统方法，将学习理论与教学理论的原理转换成对教学资料、教学活动、信息资源和评价的具体计划的系统化过程。

②教学设计是一门技术科学。

持这种观点的学者认为，教学设计是创设与开发学习经验或学习环境的一种技术。例如，梅瑞尔认为教学设计既是一门科学，也是建立在教学科学基础上的一门技术，故教学设计可看作是科学型的技术。教学的目的在于发展学生的知识与技能，教学设计旨在创设与开发学习经验和学习环境，以促进学生掌握相关知识与技能。

③教学设计是一门艺术科学。

持这种观点的学者认为，教学设计应隶属于设计科学领域，认为教学设计旨在计划或规划教学活动和教学资源，以便解决教学中所出现的问题。例如，帕顿认为教学设计属于设计科学大家庭中的一员，设计科学中各成员的共同目标就是用科学原理及应用来满足人类的需要。所以他认为教学设计的本质是系统策划学生业绩问题的解决措施的过程。

教学设计虽然有各种不同的定义和理解，但总的来讲可以分为两类。一类是将教学设计视为一个过程。在这种观点下，学者们更加关注如何帮助教师制订有效的教学计划，并实现教学目标。另一类是将教学设计视为一个结果。这种观点下的学者们把教学设计视为一种有效的工具，以便达到预期的教学目标，即生成什么样的产品、完成什么样的任务，以及解决什么样的教学问题。在实践中，教学设计既可是一种过程，也可是一种结果。所以，教学设计的含义应结合特定的情境来理解。无论强调教学设计是过程还是结果，教学设计的目的都旨在优化教学效果，提升教学质量，这一切的核心目标都是为了更好地改进教学实践。

2. 教学设计的特征

作为一门独立的学科，教学设计的特征有如下几点。

①教学设计以教与学的科学理论为基础。

这些科学理论是对教学现实做出的假设性说明。教学设计重点在于深入研究教学过程中诸要素之间内在的本质的联系，然后综合考量和协调这些要素，将它们有机结合起来以实现教学系统的功能。所以，教学设计应当建立在科学理论的基础上，以达到最佳的教学效果。

②教学设计的研究对象是不同层次的教与学系统。

这个系统中会涉及促进学生学习的各种因素，例如条件、方法、内容、活动、资源等。研究这些不同层次的教与学系统，旨在探求激发学生学习兴趣的方法和手段，以促进学生实现预定的学习目标。

③教学设计是解决教学问题的最佳方案，从而达到优化教学效果的目的。

实际教学中会出现各种教学问题，而这些教学问题该如何解决，解决的方法又是什么，这就需要用教学设计找到有效的解决方案，从而提高教学质量。

④教学设计重视学习者和学习环境的分析。

学习者分析的结果能为教学设计方案的设计提供重要参考，使得教学设计方案更加符合学习者的需要，更易被学习者接受。学习发生时的环境会影响到学生的学习，所以，学习环境分析的结果能为具体的教学设计方案制订提供参考和依据。总而言之，教学设计过程既具有科学的结构，又具备灵活性。

3.1.2 教学设计的学科性质和应用范围

教学设计是将教与学理论运用于实践的一门学科，它架起了教与学理论和教育实践之间的桥梁，在教育和培训领域中应用广泛，并形成了不同层次的教学设计。

1. 教学设计的学科性质

教学设计经过多年的发展和研究，形成了自己特有的学科性质。

（1）教学设计是一门设计学科

教学设计虽然借助了大量先进的科学知识和原理，但其基本目的仍然是要告诉教师如何实现课程目标，如何提高课堂效率。它主要作用于教学的设计实践。紧密联系实际是教学设计的显著特征之一，教学问题的求解是教学设计的本质，教学设计致力于探求教学问题的有效解决方案。它不是为了发现客观存在着的、尚不为人知的教学规律，而是利用已知教学规律研究如何创造性地解决教学中的问题。

（2）教学设计是一门应用性学科，是理论联系实际的桥梁性学科

教学设计不仅关注教师如何教，更关注学生如何学，它追求教学效果的最优化。教学系统设计在探求解决教学问题的方案时，重视科学理论的教学实践，即利用教与学的基本理论、传播学的基本理论来指导教学实践，将教育理论和教学实践紧密结合起来。所以，教学设计就成了理论与实际相结合的纽带。

教学设计是一门重要的应用学科，它通过实践来检验和发展教与学的原理，又为其理论的进一步发展提供了支撑。此外，教学设计的理论和方法也都是实践性和操作性很强的理论和方法，这些都可用于有效地解决实际的教学问题。

2. 教学设计的应用范围

教学设计最早于美国出现，萌芽于军事和工业领域，被看作是"把一般系统论用于创造既有效率又有效果的宇宙空间和军队用的培训材料"。20世纪60年，随着系统论研究的不断深入，它成功地被纳入教育领域，并形成了一套完整的教学系统设计的理论与方法体系。此后，教学设计渗透到多种不同的层面，覆盖面广，既包括正规学校教育、继续教育、全民社会教育，也包括职业教育和培训领域等；同时还渗透到社会的各个领域，如军事、农业、工业、金融、服务等。在日本、美国、英国等国家的中小学教育，美国、加拿大、澳大利亚等国的职业培训，以及英国的开放大学中，均使用了课程设置、教材资源和培训计划等方面的教学设计，并取得了大量的、成功的经验。随着时代的进步，它不仅运用于大、中、小学的课程教学设计和微课设计过程中，各级各类高等院校的课程设置和教材设计中，也用于九年制义务教育阶段的纸质教材以及微课教材的制作中，还用于全国中小学计算机辅助教学软件的设计中。教学设计的作用日益凸显，并受到越来越多的人的重视。

3.1.3 教学设计的过程模式

1. 教学设计过程模式的概念

模式是再现现实的一种理论性的简约形式，教学设计过程模式就是采取系统论方法进行教学设计，在具体教学实践中逐渐形成的一种理论简约形式。它为教学设计理论与教学实践之间架起了一座桥梁。那么什么是教学设计过程模式？目前还没有一个统一的界定，根据一些专家学者的研究，我们发现教学设计过程模式可以划分为三个主要类别。

①以教为主的教学设计模式；
②以学为主的教学设计模式；
③"教师为主导，学生为主体"的教学设计模式。

在实际教学中，由于学习者背景和特征有所不同，以上三种教学设计模式都会有所涉及。

2. 教学设计过程模式的要素

20世纪90年代，有学者在分析研究各种教学设计模式的基础上提出，教学系统设计模式包括四个基本构成因素：对象、目标、方法与评价。随着对教学设计模式的深入研究，近年来学术界一致认为，教学系统设计模式有五个关键要素：分析、设计、开发、实施、评价，这就是ADDIE（analysis, design, development, implementation and evaluation）模式，如图 3-1 所示。

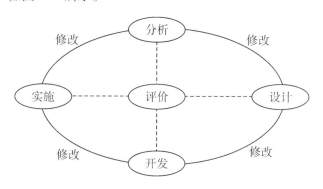

图 3-1　教学系统设计要素

通过对国外典型教学设计过程模式的深入研究，我们发现，五个关键要素都包含在这些模式中，但为了更好地满足特定需求，各种模式在构建时采用了不同的术语。

设计者在进行教学设计时，并非毫无顾忌地选择教学设计模式方案。相反，他们会考虑到不同的背景、特定的环境和对象的需要，而制订出个性化的教学设计模式。此外，他们还会根据实际情况，不断修改和补充以完善制订的教学设计模式，从而符合教学需要，实现更有效的教学。

3.2　"以教为主"教学设计模式

"以教为主"的教学设计模式综合了行为主义和认知主义两种学习理论，也被称为传统的教学系统设计。它十分重视教师的主导作用，侧重于运用系统方法按部就班、循序渐进地对教学过程做总体设计，从而达到更好的教学效果。

3.2.1　"以教为主"教学设计的方法和步骤

很多学者和专家经过研究探索，总结得出了"以教为主"的八个要素。

1. 学习者特征分析

教学系统设计关注如何有效促进学生的学。学生是学习过程的主体，是直接参与者，所以，教学设计者需要全面考虑学习者的心理、生理、经济等多方面因素，以便更好地实现教学目标。分析学习者特征通常从以下五个方面进行。

（1）认知发展特征分析

从婴儿期起，人类的认知发育就开始了，他们不断地探索自身，学习如何去理解外部世界，并且不断地调整自己的思考模型，以更好地处理各类挑战，这就是认知发展，它既有连续性，也具备明显的阶段性。瑞士心理学家皮亚杰提出了认知发展阶段理论，对当今的儿童认知发展研究形成了深远的影响。皮亚杰将儿童认知发展过程划分为四个阶段，即感知运动阶段、前运算阶段、具体运算阶段、形式运算阶段。通过对学习者的认知发展特征进行分析，可获知学习者在思维、语言、动作、逻辑性等方面的发展程度，即了解了学习者的学习准备状态。

（2）学习者的起点水平分析

学习者的学习都具有一个共同的特点——会有意识地将原来习得的知识、技能以及情感、态度、价值观等联系到新知识的学习中来，以便能更好地接受和理解新知识和新技能，这表明学习者已有的知识、技能和态度等对新知识的学习具有重要的作用。教学设计时需要了解学习者已习得的知识、技能以及态度，这些就是学习者的起点水平。学习者起点水平分析可以从两个方面来进行：第一，调查学习者对即将学习的新知识、新技能的了解程度，也就是"目标能力分析"；第二，调查学习者对于接下来要进行的学习是否已习得必备的行为能力，这就是"预备能力分析"。在教学系统设计时，通常将这两方面结合起来，再加上对所学内容态度的分析，三方面共同完成学习者起点水平的分析。

（3）学习者的认知结构变量分析

认知结构是指个体的观念的全部内容和组织，或者指个体关于特殊知识领域的观念的内容和组织。当面临新知识和新技能时，我们需要思考：我们的认知结构能够帮助我们更好地理解并掌握当前信息吗？因此，我们需要评估原有观念与当前所学新观念之间的异同点。为了避免给未来的学习带来负面的结果，这个起固定、吸收作用的原有观念必须要稳定、牢固。

（4）学习者的学习风格分析

每个年龄阶段的学习者甚至每个学习者个体都有自己的学习特点和学习习惯偏好。学习者之间具有个体差异，不同学习者获得信息的速度也存在差异，感知信息与反应效果也可能不同，这些都表现为学习者特有的学习风格。持续而稳定地表现出的学习倾向和学习策略就形成了每个学习者的学习风格。这里的学习倾向指的是学习者的学习动机、学习态度、学习情绪、坚持程度，以及学习者对学习内容、学习环境等的偏爱。学习策略主要强调学习方法。

（5）学习者的学习动机分析

学习动机是影响学习者的一个关键的内在因素，它是学习者进入学习活动的推动力，会直接影响到学习者的主观学习意愿、学习态度、偏好和选择。通过激发学习动机，可以促进学习，而学习反过来又可以强化学习的动机，它们之间相辅相成。

2. 学习需要分析

教学系统设计是一个问题解决的过程，只有发现问题并抓住问题的本质，才有可能很好地解决问题。学习需要分析主要是指对问题的鉴别和分析。它是一种采用系统方法进行调查研究的过程，旨在识别出教学中存在的问题，并且通过深入分析，找出问题的本质，才能确保问题解决的必要性和可行性。学习需要分析的重点是发现问题，而非解决问题。

学习需要分析的过程很重要，它能论证教学设计是不是解决问题的必要手段，以及在现有资源环境和限制条件下能否有效解决问题。只有这样，才能保证教学资源以及师生的时间和精力被有效利用，促进教学中真正问题的解决和教学效果的优化。学习需要分析的结果可提供有关"差距"的资料和数据，即学习者真正想学习的知识内容，由此确定了教学系统设计的总任务、总目标。一旦确定了总目标，就可以根据它来探索有效的解决方案，从而达到最佳的教学效果。

学习需要分析过程中应注意以下四个方面：第一，学习需要强调的是学生的需要，即对学生的期望值与学生现有学习状况之间的差距，而非教师的需要，更不是教学过程或教学手段的需要；第二，参与学习需要分析的所有人员，既包括学生，也包括教师，甚至社会人士等，他们价值观念上需要协调达到一致；第三，获取的数据必须准确可靠，能够反映出学习者的实际情况；第四，避免没有明确问题之前，就急切地寻求解决问题的方案。

学习需要分析成功与否，直接影响到教学系统设计各具体工作的方向、质量以及效益。学习需要分析是一个持久的过程，教学设计者要经常对学习需要发起疑问，并通过实践来验证这一过程的有效性。

3. 教学目标的分析与设计

在教学设计中，教学目标要准确、规范、清晰，它是教学设计顺利实施的重要保证。教学目标，也称做学习目标，是对学习者学习结束后应该表现出来的行为的明确和具体表述。教学目标的准确描述对教学设计具有重要意义，它是教学内容选择的依据，是教学策略制定的依据以及教学评价的依据。

关于教学目标的类型，目前存在两种典型的目标分类理论，即布卢姆的教学目标分类理论和加涅的学习结果分类理论。布卢姆的目标分类理论主要将教学活动中的发展目标划分为认知、情感、技能三个层面，它是目前很多一线教师首选的教学目标分类理论。在加涅的学习结果分类理论中，学习目标被划分为九个方面，即辨别学习的目标、具体性概念学习的目标、定义性概念学习的目标、规则学习的目标、问题解决学习的目标、认知策略学习的目标、言语信息学习的目标、动作技能学习的目标和态度学习的目标。

一些学者提出，一个标准的教学目标应有四个基本构成要素，这就是教学目标的ABCD要素。

对象（audience）：学习者。

行为（behavior）：教学活动完成后，学习者的最终行为。

条件（condition）：学习者最终行为表现的环境或条件。

标准（degree）：最终行为的最低标准。

例如：提供十道三位数加、减法习题，三年级学生能笔算出正确答案，准确率达80%。
　　　　　　　C　　　　　　　　　　A　　　　　B　　　　　　　D

需要指出，在实际应用中，教学目标的书写较灵活，往往不可能也没有必要完全机械地写出这四个要素。

4. 教学内容分析

教学内容通常是指为了达到期望的学习目标，需要学习者学习的各种知识、技能及行为规范的总和。分析教学内容时一般要以教学的总目标为依据，使学生更好地理解课程内容，并且更加深入地探究其中的关联性，从而达到最佳的教学效果。

在选择教学内容时，设计者通常会从单元层次来入手。单元是课程内容的一种划分单位，一个单元的课程内容通常联系较紧密，学习任务相对也较完整。在选择与组织单元时，我们需要具体斟酌从而确定教学内容的范围、重点以及这些内容的顺序三方面问题。范围是解决学习内容讲多广、讲多深的问题；重点是指导学生掌握内容中的关键知识点；顺序是规划内容的发展脉络，也就是确定内容展开的逻辑顺序。同一个单元的内容一般自成系统，有相对完整性。选择和组织单元以后，就能确定课程所有内容的整体结构。单元是一个重要的概念，它能反映出课程设计者或教师对一门学科结构的整体理解，教师在这个基础上实现对此结构有效的分解和组织。

在教学设计中教学设计者分析教学内容时，首先应根据教学目标来选择教学内容。其次，在选择教学内容后，还需要分析教学内容的类别及性质，具体的方法有图解分析法、归类分析法、层次分析法等，在以上分析的基础上，得出教学内容之间的关系，常见的关系有并列、包含、递进等。再次，依据教学内容之间的关系来组织和编排教学内容，使之形成一定的整体性或者系统性。最后，设计者还需要初步评价教学内容的选择和组织结果，以检验选出的教学内容能否实现预期目标、是否符合学生的学习需要。

5. 教学方法的选择与运用

显而易见，教学活动的实施离不开教学方法的选择和运用，教学方法的恰当选择与运用是教学效果优化的重要保证。在"以教为主"的教学设计中，大多数教学方法是从教师教学活动的角度出发来研究的；相反，从学法角度出发的探讨相对较少。常见的教学方法有：演示法、讨论法、讲授法、实验法、示范模仿法、强化法、合作学习法、训练和实践法等。

在进行教学系统设计时，可以选择的教学方法很多，但什么内容应该用什么教学方法呢？这些教学方法又是如何有机地组合在一起的呢？这是人们选择教学方法时常常需要思考的一些问题。要正确地运用各种教学方法，我们还需要参考其他多个因素，比如学生特点、教师特点、学科特点、教学目标、教学技术条件、教学时间、教学环境等。从表3-1中，我们可以清楚地看出教学目标与教学方法之间的优选关系。

表3-1　教学目标和教学方法的关系

教学方法	教学目标									
	记忆事实	记忆概念	记忆程序	记忆原理	运用概念	运用程序	运用原理	发现概念	发现程序	发现原理
讲授	△	★	○	★	★	○	□	□	○	□
演示	★	○	○	□	□	○	○	○	★	○
谈话	△	★	□	○	★	□	□	○	○	□
讨论	□	△	△	□	★	□	★	○	△	□
练习	○	□	★	★	□	★	□	△	○	△
实验	★	△	□	□	△	□	★	□	○	★

注：★表示最好　□表示较好　△表示一般　○表示不定。

为了实现教学方法的优化，教育学家巴班斯基等人提出了一系列的建议，以帮助教师更好地选择合适的教学方法。这些建议不仅包括教学方法的选择标准，还包括选择顺序，这对教学方法的选择具有一定的指导意义。巴班斯基建议，在挑选适合的教学方法时，应遵循以下七个步骤。

第一步：确定要选择学生独立完成学习的方法还是教师指导学习的方法。

第二步：确定要选择知识再现法还是探索法。

第三步：确定要选择归纳法还是演绎法。

第四步：确定解决口述法、直观法和实际操作法怎样结合的问题。

第五步：确定解决激发学习活动方法的问题。

第六步：确定评价的方法。

第七步：仔细思考所选择的各种方法相结合的各种方案。

教学方法的选择比较灵活，教学设计者在设计中可同时使用多种教学方法。比如，教师演示实验时，同时用词语描述注实验意事项，并让学生随着教师的行为进行相应的学习活动，这就采用了演示法、讲授法和实验法。教学方法的运用也可以采用连贯性的形式，也就是说，一种教学方法应用完成后再开始另一种，如讨论→实验→讲授的组合法、讲授→演示→讨论的组合法、练习→讲授→再练习的组合法。教师可依据不同的教学目标、学生、教材、环境，参考各种教学方法的特点，进行有机组合。教学方法的不同组合运用方式充分体现了教师职业的创造性特点。

6. 教学媒体的选择与运用

教学媒体是指直接加入教学活动中，并在教学过程中发挥传输教学信息作用的手段和工具。传统的黑板与书本，后期产生的幻灯机、投影机、电视机、程序教学机、计算机、电子白板甚至点读笔等，在教学活动中都用以发挥教学手段的作用，帮助教师传递教学内容，它们都是教学媒体。不同的教学媒体特征不同，优缺点也不同，为了达到预定的教学目标，应该选择合适的、有效的教学媒体。

选择适当的教学媒体，需要考虑多个因素。为此，我们需要遵循三个基本准则：一是目标控制原则。需要根据教学目标来选择教学媒体，教学目标具有导向作用，指引学生所学知识的取舍和消化，控制着媒体类型的选择以及媒体内容的组织。在教学设计过程中，教学目标不同，往往需要选择不同的媒体类型和媒体内容。二是内容符合原则。不同学科，内容不同，知识特点也不同，适合的教学媒体往往也会有差别，即使是同一门课程，章节内容不同，适合的教学媒体也会不同。比如，英语学科讲解听力时，更适合用声音媒体来呈现教学内容，能为学生形成身临其境的氛围，让他们直观地感受到内容，从而对知识的理解更深刻。三是对象适应原则。学习者年龄不同，认知能力发展方面也会有差异，所以选择教学媒体时也要考虑学生的年龄特点。例如，对于幼儿园学生来说，他们识字不多，需要使用形象的、直观的教学，因而应采用图形、动画、视频和音乐类的媒体。

依据媒体选择的原则来选择教学媒体，可使主观判断更为客观、准确。除此以外，教学设计者还可按以下方法选择教学媒体：

第一，问卷式程序。这种方法是总结出选择媒体时要考虑的一系列问题，并将它们以问卷的方式呈现出来。教师逐一回答这些问题，回答问题时需要教师仔细地、深入地思考，问题回答结束也就确定了最适合当前教学情境的媒体。

第二，流程图程序。此方法也是以问卷调查为基础形成的一种媒体选择方法。它把复杂的媒体选择过程拆解，形成媒体选择过程中的一个流程图式步骤，每个步骤都有一个问题需要回答，每一个问题都是前一个问题的递进发问，通过流程图程序呈现出来。教学设计者在媒体选择时需要根据这个流程图依次回答每个问题，答案只有

"是"或者"否"，回答情况不同就会进入不同的分支问题，每一次回答问题后都会排除掉一些媒体可能。当回答完所有问题，最终剩下的媒体就是这种方法选择出的最适合的媒体，也就完成了对教学媒体的选择。

第三，矩阵图程序。此选择方法需要将各种教学媒体和选择教学媒体的指标依据（例如教学目标、学习类型、教学功能等）按照一定的标准进行二维排列，形成一个矩阵式的表格。对照此矩阵式表格，就可以选择出所需要的媒体。

第四，效益/成本计算法。此方法来源于最低成本原理，即通过模糊数值计算媒体成本和教学效益，用它们的比值来决策选择什么媒体。美国著名的传播学者施拉姆通过多年分析研究，提出了图3-2所示的媒体选择的公式。

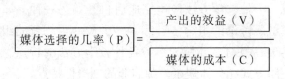

$$媒体选择的几率（P）= \frac{产出的效益（V）}{媒体的成本（C）}$$

图3-2 媒体选择公式

7. 教学策略的选择与运用

在实际教学中，很多教师知道"教什么"，但却常常苦恼"如何教"。如何有针对性地、有效地、灵活地"教"，即如何有针对性地、有效选用教学策略的问题。

教学策略是指在不同的教学条件下，为达到不同的教学结果所选择的方法、媒体等的总和。国际上有众多很有影响力的教学策略，比如，加涅的九段教学策略、奥苏贝尔的先行组织者教学策略等。面对这些教学策略我们该怎样进行选择？选择的依据是什么？

在教学设计时，教学策略的选择可以依据以下六个方面。

①教学目标与任务。教学目标不同，教学任务则不同，选择的教学策略往往也不同。即使是相同的教学内容，如果有不同的教学目标，我们也可能采取不同的教学策略。

②教学内容的特点。不同学科的特点和教学性质不同，采取的教学策略也会有所差异。在同一门课程中，针对不用的内容，也应当采取适当的教学策略，以确保教学的有效实施。

③学生的实际情况。教师的教是为了学生的学，所以，教学策略的选择要适合学习者的基础情况和个性特征。教学设计者要根据每一位学生的不同背景、优势、潜能、需求等来设计出最合理的教学策略，以符合学生的需求。

④教师本身的素养。教学策略是抽象的，需要依附于教学活动才能表现出来，教师的素质不同，适合的教学策略也有区别。因此，在选择和组织教学策略时，教师应该充分考虑自己的个性、知识背景、技能水平以及身体状况，尽可能发挥自己的优势，以便更好地展示自己的才华。

⑤教学策略的使用条件和适用范围。不同的教学策略在不同的情境中具有独特的优势与劣势，没有万能的教学策略。某种策略对某学科或某课题可能会有用，但是换一课题或原课题其他的知识点则可能会完全无效。

⑥教学时间、教学条件以及效率的要求。选择合适的教学策略有助于提升教学效

率，改善教学质量，并尽可能地在有限的时间内获得最佳的教学效果。因此，在挑选教学策略时，不仅要注重节约时间，而且要注重提高教学效率，以达到节约资源、提升教学质量的双重目标。

好的教学策略应是能最大限度地实现教学目标，高效低耗，同时让教师教得轻松，学习者学得愉快。

8. 教学设计成果的评价

根据教学目的对教学活动进行评价是教学设计中非常重要的一环。教学评价根据评价功能的不同，主要分为三种评价类型：诊断性评价、形成性评价、总结性评价。这三种评价类型的评价目的也不同，教学设计成果的评价一般强调的是形成性评价，具体评价方法有如下四步。

第一步：制订评价的计划。在此阶段，我们需要确定收集的数据类型，并确定评价的标准。

第二步：收集评价资料。收集方法有观察法、访谈法、问卷法、利用各类量表等，该选用哪种收集方法由所需收集数据类型决定。

第三步：整理、分析和归纳资料。对资料进行分门别类，并整理、分析和归纳，对资料进行比较，进而确定存在的问题。

第四步：报告评价结果。在上述工作的基础上，形成书面的评价结果报告，并附上相应的资料、数据和分析。

3.2.2 教学策略的设计

教学策略对教学效果的影响很大。目前存在很多有影响的教学策略，下面介绍一些常用的教学策略，以便于在教学系统设计过程中根据实际需要进行选择、使用。

1. 先行组织者教学策略

奥苏贝尔提出，引导性、刺激性材料可以帮助学习者更好地理解和掌握当前所学知识，使他们能够更好地将新知识和旧知识联系起来，从而达到更好的学习效果。这种起引导性或刺激性的材料就叫作"组织者"。由于教学活动中它通常出现于当前学习内容之前，所以叫作"先行组织者"。先行组织者在学习中很重要，它能帮助学习者更有效地理解自身认知结构中的"已有观念"，并通过合适的方式表达出来。

"先行组织者"教学策略实施的具体流程：选择先行组织者→设计教学内容的组织策略。

先行组织者的类型一般包括三种：上位组织者、下位组织者、并列组织者。相应的，教学内容的组织也有三种不同的策略：渐进分化、逐级归纳、整合协调。

渐进分化是指教学中先讲授最一般的上位知识，也就是抽象度较高、涵盖面较广的知识，然后再根据抽象度和涵盖面，以逐步递减的形式探究其中的细节，使之越来越具体、越来越深入。具体实施流程为：抽象→具体→深入。

逐级归纳是指首先讲授最基本的、最细节的知识，即抽象性最低、涵盖面最小的知识，然后再根据抽象性和涵盖面，以逐步递增的形式将教学内容一步步抽象、归纳，每归纳一步，抽象性和涵盖面就提高一级。具体实施流程为：具体→抽象→深入。

渐进分化和逐级归纳之间是互逆的关系。如果先行组织者和当前教学内容之间不存在明确的上下位关系，可以选择整合协调策略，以实现学习者原认知结构中的有关要素被重新整合，将当前所学的新概念、新知识纳入已有认知结构的某一层次，从而达到学习的目的。这就是整合协调策略。

2. 五段教学策略

这种教学策略在"以教为主"的教学设计中经常使用，它的课堂流程是：激发动机→复习旧课→讲授新课→运用巩固→检查效果。

五段教学策略来自赫尔巴特学派的"五段教学法"，即预备、提示、联系、统合、应用，经凯洛夫改造后传入我国，它是一种接受式学习策略。该策略的优点是能帮助学习者更快速、更有效、更系统化地学习和理解知识；不足是学生在这种教学过程中处于被动地位，属于被动接受学习，不利于学生学习主动性的发挥。奥苏贝尔强调，"接受学习"应该具备创造性和活力，它应该让学习者在理解和接受新的内容的过程中，积极地、主动地将其融入他们的已经掌握的知识，以便更好地理解和掌握所接触的新内容。

3. 九段教学策略

九段教学策略基于加涅的认知学习理论，旨在通过有效的教学来帮助学习者更好地理解和掌握知识。这种策略强调教学活动应该与学习者的内部心理过程保持一致，以便更好地帮助他们学习。

按照此观点，教学过程主要分为九个阶段：激发学习兴趣与动机→阐明教学目标→刺激回忆→呈现刺激材料→提供学习指导→诱导反应→提供反馈→评价表现→促进知识保持与迁移。

4. 假设—推理教学策略

这是一种着眼于培养学生逻辑思维能力的教学策略，大多用于数学、物理等理科学科的教学设计中，它的一般步骤为：问题→假设→推理→验证→结论。

"问题"阶段，教师提出难易适中、具有挑战性的问题，并使学生明确问题的指向性；"假设"阶段，教师引导学生对问题情境进行分析、综合、比较，以形成多样的假设；"推理"阶段，教师和学生就"假设"展开"推理"，逐渐形成实现当前教学目标需要掌握的概念或知识；"验证"阶段，鼓励和引导学生根据自身的经验，进一步提出更多的事实来证明新学到的概念或知识；"结论"阶段，由教师引导学生回顾整个教学活动过程，深入思考，总结学习的成果。这种策略的特点是有助于学生的逻辑思维能力的发展，但在适用课程内容方面有局限性，一般适合于数理学科课程。

5. 示范—模仿教学策略

这种教学策略常用于动作技能领域教学目标的实现，其基本流程是：定向指导→参与性训练→自主学习→迁移应用。

"定向指导"阶段，教师不仅需要讲述操作方法、重点内容以及注意事项，而且需要进行标准的演示；"参与性训练"阶段，教师指导学生进行分解式动作的训练，并根据每次训练时学生的困难和问题进行帮助、纠正和强化，使学生掌握各分解动作的基本动作要领；"自主学习"阶段，学生自由练习，并逐步由单项动作与技能的练习过渡到合成动作与技能的练习，最终可逐步减少甚至脱离教师的现场指导；"迁移应用"阶段，学生不仅需要独立完成整套动作技能的操作，还要能将习得的技能运用于其他类似的情境，进行技能知识的迁移。

在实际教学系统设计中，可根据具体教学情况，使用一种教学策略，或将多种教学策略结合使用，目的在于创造有效教学。

3.2.3 "以教为主"教学设计案例——英语"Unit 6 Happy birthday"

在教学中，教师会经常使用"以教为主"的教学系统设计来设计教学。这里，我们选择人教版小学英语三年级上册"Unit 6 Happy birthday"这一课为例，来进行"以教为主"的教学案例设计。

"Unit 6 Happy birthday"教学系统设计

1. 学习者特征分析

本单元是三年级上册内容，三年级学生正从形象思维转变为抽象思维，他们的想象力也在从模仿和重复逐渐过渡到创新阶段。他们的协调性、可塑性、模仿性很强，可以进行有目的的学习和训练。学生学习本单元之前，接触英语已经快一学期了，对英语的了解和认识已经比较广泛，也有了较系统的基础知识，但英语学习是一个长期的过程，小学三年级仍然是学习英语学习的初级阶段，仍处于比较低级的感性阶段。因此，本单元重点是培养学生的听说能力。

在这一单元中，我们将学习如何使用生日问候语、祝福语和数字名词，并且将这些内容与实际生活联系起来，为未来的英语学习打下坚实的基础。比如，"Happy birthday！""How many +可数名词复数形式？""How old are you？"等，让学生在真实情境中掌握使用它们的技巧，从而逐渐养成开口说英语的语言学习习惯，发展生活中英语的运用能力。本单元的重点句型是：Happy birthday！How many plates？How old are you？I'm six years old. 在教学中可以结合学生实际情况，灵活运用前面已学的知识内容，在设置的情景中让学生练习，学以致用，还可以适当地进行拓展和延伸。

本单元共安排六课时，因为篇幅有限，我们只设计第一课时：Main scene，A Let's talk，count and say。

2. 学习需求分析

本单元是上册书的第六单元，在前面五个单元，学生已经学习了英文字母，能进行简单的问候，能说一些简单的句子，学生迫切想要学习更多的能在生活中运用到的英语知识。本单元以过生日来创设情境，在真实情境中让学生体验生日问候语、生日祝福语和数字的运用。通过将知识与实际情况相结合，可以调动起学生学习的热情，促使他们积极主动地参与课堂活动，从而更有效地理解和掌握所学内容。

3. 教学目标

①能听、说、认读 plate、five、happy、birthday 等重点英语单词。

②掌握数字 1~5 的正确发音，掌握使用"How many+名词复数？"进行对话。

③理解可数名词的复数形式。

4. 教学重难点

①数字 1~5 的正确发音。

②使用"How many ...?"对数词提问。

5. 教学内容分析

本单元课文通过过生日这一事件将所有知识点串联起来，包括生日祝福、数数等，向学生展现了生日的喜悦，生动有趣。在本课教学中，知识点"Happy birthday！"是情景创设的基础，知识点"How many …?"是情景的发展和延伸，教师讲授时应重点讲解句型"How many …?"。

6. 教学方法

讲授法、练习法、角色扮演等。

7. 教学媒体选择

由于课堂中使用了动画、视频和图片，因此本节课教学媒体选择使用多媒体课件进行教学。

8. 教学过程设计——教学策略设计

本单元主题内容是生日快乐，是实际生活中常见的现象，教学对象是小学三年级学生，他们正从具体形象思维转变为抽象思维。因此，本课计划用九段教学策略。

第一环节：导入。

本环节是为了激发学生学习动机，向学生呈现刺激材料，并刺激学生回忆。

视频播放真实过生日情景，视频中画面包括：众人端着燃着蜡烛的生日蛋糕，并唱着《Happy birthday》歌曲。

教师提问：What can you see in the video?

Happy birthday 的汉语是什么呢？

当别人对你说 Happy birthday 时，你应该怎么回答呢？

让学生讨论以上问题，并做出回答。

第二环节：讲授新课。

本环节主要是讲授新课知识，并向学生提供学习指导。

①播放本单元 A Let's talk 的动画，让学生整体感知本单元的知识内容。教师在黑板上板书英语对话内容，并进行解释、翻译。

②让学生打开课本，播放本单元 A Let's talk 的对话录音，让学生进行模仿，以此提高对这个对话的理解。

③分角色朗读：让三个学生扮演 A Let's talk 中的不同角色进行英语对话练习。

④count and say：练习句型"How many …?"

教师展示 count and say 的一系列图片：

教师：（指着铅笔图片）How many pencils?

学生：（跟着老师一起数铅笔的支数）One, two, three …

教师：（指着书包图片）How many bags?

学生：（跟着老师一起数书包的个数）One, two, three …

教师：（指着鸭子图片）How many ducks?

学生：（跟着老师一起数鸭子的只数）One, two, three …

教师：（指着生日蛋糕图片上的蜡烛）How many candles?

学生：（跟着老师一起数）One, two, three …

通过以上这种对话方式，让学生熟悉句型"How many …?"和数字 1~5。

在学生熟悉了"How many …?"句型后，讲解 How many 后面要用可数名称复数。

讲解数字：教师用手指教数字 1～5，教师举起一个手指说：one，one。教师用同样方法教授到数字 5。

⑤让学生两人一组，一人问一人答，利用刚才的图片，让学生用"How many …?"句型进行问答练习。

第三环节：练习活动。

本环节是练习前面所学知识，在练习的基础上提供反馈，并评价学生的表现。

①课堂游戏：让学生传花，花从第一位学生依次往后传，在这个过程中，学生需要用英语报出数字。报到 5 之后，又从 1 开始报数。其他同学需要监督是否有错，直到所有同学传完为止。

②趣味练习：教师拿着一张卡片，一面写着 two，另一面画着三个草莓，让学生判断这个单词是对还是错。教师还可以接着用"How many …?"询问图片上物品的数量，让学生回答。

③让学生数数自己有多少本书，有多少个作业本，有多少支钢笔，并相互用"How many …?"询问。

第四环节：课堂总结。

此环节主要任务是梳理和总结本节课的学习内容，这也有助于学生对所学知识进行记忆与迁移。

①总结本节课知识点：本节课学习了 plate、happy、birthday、数字 1～5 等英语单词，还学习了"How many+可数名词复数？"句型。

②作业布置：

·抄写本课新学单词。

·用英语说一些常见的电话号码，比如 110、120 等。

·将所学英语数字 1～5 说给家长听，比如，家长报数，学生用英语说。

9. 教学评价与反思

本节课在导入新课时采用的是播放生日视频，通过视频让学生回忆已有的经历，使其身临其境融入到学习情境中，在轻松、活跃的气氛中开启本节课新知识的学习。

在讲解新课时，先让学生通过动画直观感受英语对话，并对对话部分进行详细的讲解，让学生理解每一个单词、每一个短语、每一个句子。之后再以角色扮演的方式，让学生参与到教学活动中来，以此提高学生熟练运用英语进行听、说的能力。

count and say 部分是对 Let's talk 部分的演练和操作，这在教学环节中尤为重要。在此环节中，教师可以多设置一些物品让学生来数数，多设计一些活动，让学生参与进来，做到寓教于乐，教学效果会更好。

当然，此教案中也存在一些不足，比如，设计的活动不够丰富，教师可以根据实际情况去充实，力求做到更好。

3.3 "以学为主"教学设计模式

20 世纪 90 年代，随着对人类认知发展规律与人类学习过程的认识不断深化，在此影响下，心理学家们越来越意识到建构主义的重要性，建构主义日益盛行，并越来越受到重视。建构主义学习理论将学习者置于中心的地位，提出改变学习者传统的被动接受式学习的方式，认为有效的学习方式应该是学生主动建构知识的学习，同时，建构主义也强调教师在教学中的角色要予以改变，不再是知识的传播者、讲授者、灌输者，而应该是学生学习过程中的引导者、帮助者和咨询者。基于建构主义的学习观，学者门开展了大量的教育探索与研究，逐步形成了一种以"学"为主、以建构主义为基础的全新教学设计理论模型，即以学为主的教学系统设计模式。

3.3.1 "以学为主"教学设计的原则

"以学为主"的教学设计研究的主要内容集中于如何设计有效的教学来推动学生的"学"，这需要在教学设计时发挥学生的学习主人翁作用，让学生在学习中充分利用信息技术手段和教育技术，拓宽学习资源和认知工具的边界，主动参与，探究式学习。以"学"为主的的教学设计原则有以下七点。

①以问题为核心驱动学习。以学为主的教学设计明确以问题为核心来设计学习。在学习开始时，向学习者提出问题，激发学习者的好奇心，使他们带着疑惑和求知欲开始学习，并通过一系列学习活动自己探求解决问题的方法。

②强调以学习者为中心。建构主义强调通过提供多种机会，让学生在实践中运用所学知识，培养他们的主动性、积极性和创新精神，并让学生能够根据不同情境，构建出有效的解决实际问题的方案，从而更好地形成对客观事物的认识。

③强调真实情境的作用。在建构主义看来，学习的发生离不开一定的社会文化背景，也就是学习发生时的特殊"情境"。在真实情境下学习，学生更易进入良好的学习状态，有助于他们利用已有的知识和经验同化更多的新知识、新技能。如原有知识和经验无法完全被当前情境接受、理解时，可通过对原有认知结构进行调整或重塑，以达到学习新知识和新技能的目的。

④强调协作学习的重要性。建构主义认为，学习不是被动的，而是学习者与周围环境相互作用，自行建构的。因此，学习者周围环境对学习内容的理解起到关键性作用。在教师的组织和指引下，学习者主动参与各种协作学习活动，例如交流、讨论、协商、竞争，在这个过程中，师生的思维和智慧更容易被整个群体的每个成员所共享，这也就实现了整个学习群体（包括教师和学生）共同对所学内容进行意义建构，而非任一个体完成意义建构。

⑤重视学习环境的设计和开发。建构主义学习理论倡导，学习者应该在学习环境中通过主动探索和主动学习来习得知识。学习环境设计具有重要的意义，它有助于学习者自由选择信息资源和探究工具，比如向专家请教、做实验、网上冲浪等。在这一学习过程中，学习者不仅可以得到教师的指导和帮助，还可以与同伴之间进行互助、

合作和竞争，这样，学习环境就是一个支持和促进学习的重要场所。

⑥强调自主学习策略的设计。在学习过程中，学习者不仅可以采用协作学习策略，还可以采用自主学习策略进行学习。当使用自主学习策略时，学习者可以自由决定学习的时间、内容、进度、地点，而且教师也可以为学习者推荐各种信息资源和工具，以方便学习者自主学习和探索。

⑦强调学习过程的目的是实现知识的意义建构。建构主义的重点是如何帮助学生对知识进行"意义建构"，并将其作为学习者学习的核心。在这个前提下，整个教学设计过程要以促进"意义建构"来展开，学习过程中的所有活动都是为了实现意义建构，要能帮助学生更好地理解和掌握所学知识的意义建构。

3.3.2 "以学为主"教学设计的方法和步骤

依据目前国内外相关文献的研究，我们认为"以学为主"教学设计的方法和步骤如图 3-3 所示。

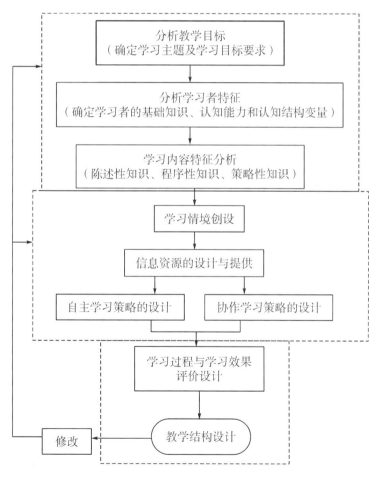

图 3-3 "以学为主"教学系统设计模式

1. 分析教学目标

建构主义观点认为，"以学为主"教学设计同样应该围绕教学目标这一核心原则，结合实际情况，以更加有效的方式实现教学任务。通过对教学目标的分析，我们可以更好地指导学习者，使其能够更好地掌握基本概念、原理、方法或过程。在"以学为主"教学设计中，我们需要清楚地认识到，教学目标并非由设计者或教师强加给学生，而是基于学生已有知识和能力的综合结果，它是学习的目的，也是一种有效的指导。

与"以教为主"教学目标分析细化的做法不同，"以学为主"的教学目标编写是强调整体性的教学目标编写法。

2. 学习者特征分析

在建构主义指导下的教学设计模式中，学生是学习的主体。通过分析学习者的知识水平、能力特征、思维发展等，为他们提供恰当的帮助和丰富的、合适的各种学习资源，这就是学习者特征分析的目的。在这里，学习者特征分析的方法与"以教为主"的分析方法基本相同。

3. 学习内容分析

建构主义强调学习是为了解决真实情境中的问题或完成真实情境中的任务，在解决真实问题或完成真实任务的过程中达到学习的目的。要使真实的任务或问题体现教学目标，则需要根据教学目标选择教学内容，并对学习内容做深入分析，以便确定所需要掌握的知识内容的类型（如陈述性、程序性、策略性等）以及它们之间的结构关系。只有这样，才能够有效地将所涉及的知识体系融入到真实的学习问题（任务）中。设计者应充分考虑学习内容的知识类型，将其融入到建构主义学习环境中。例如，策略性知识，可以通过学生自主学习活动（如实验、讨论）体现并展开；陈述性知识可以通过提供学习资源（如网上冲浪）的方式进行。

4. 学习情境创设

建构主义认为，学习应该建立在真实的情境中，以便学生能够更好地理解知识，并将其纳入到自己的知识体系中，用以解决实际问题。因此，建构主义教学方法重视创设有效的学习环境，让学生有机会去探索、思考、分析，也就能使学习者积极主动地参与自主学习和合作学习，从而达到知识的主动构建这个目标。

当设计学习情境时，应注意：第一，根据学科的不同，应当采取多种措施来创造出有效的学习情境；第二，情境创设要以学习主题为中心来设计；第三，学习情境只是一种"外因"，只是促进学习者意义建构的外部因素；第四，学习任务要紧密结合真实学习情境，避免出现任何脱节或分离的现象。

5. 信息资源的设计与提供

学习者需要通过自主学习和主动构建知识来获得更多的信息，而丰富的、有深度的学习资源是建构主义学习理论的重要构成因素。学习者需要知道有关问题的详细背景和学习必要的预备知识，这有助于他们理解问题的背景和意义、建构自己的问题模型，以及提出解决问题的方案。所以，教学设计时应当充分考虑并整理出学生解决问题时需要依赖的认知工具，以及各种参考资料、需要调查的各方面知识。教学设计者最好能形成健全的信息资源库，先进的资源管理系统有助于学习资源的开发、设计与供给。

6. 自主学习策略的设计

自主学习策略是指为了激励和促进学生更好地学习，教学设计者安排学习环境中各元素的模式与方法，以提高学生学习的主动性、积极性，从而真正实现学生的学习主体地位。学习策略主要分为四类：主动性策略、协作性策略、情境性策略以及社会性策略。设计自主学习策略时，必须综合考虑主、客观两方面因素。主观因素是指作为学习主体的学习者所具备的主观条件，比如学习背景、基础知识、认知能力、认知结构和学习态度等。客观方面是指知识内容的特征，比如抽象的、直观的、形象思维的、逻辑思维的等，它决定学习策略的选择。智力因素对学习策略的设计至关重要。但除了智力因素以外，设计学习策略时还应考虑非智力因素的影响。

7. 协作学习策略的设计

与自主学习不同，协作学习通常强调交流与合作，是以小组或团队的方式组织学生学习的一种形式。常见的协作学习策略包括小组合作、协商、竞争、角色扮演等，这些可以进一步帮助学习者更好地理解知识和主题。协作学习过程一般由教师组织引导，学习主题可由教师提出，也可以是学生提出。

8. 学习过程与学习效果评价设计

建构主义认为，对学习者的学习表现进行评价时，除了依据教学目标的达成度以外，还应该考虑到学习任务的整体性以及学习者的学习过程参与情况。教学活动一般以任务或问题来驱动，通过让学生完成一个真实存在的实际任务或解决一个现实的问题，以此来检测学生的学习结果，既重视学习结果的评价，也强调过程性评价。建构主义认为，学习是学生自我主动建构知识意义的过程，所以，"以学为主"的学习评价并不热衷于使用强化手段或行为控制工具，更强调自我分析工具和元认知工具的使用。

9. 教学结构设计

教学结构设计属于"以学为主"教学系统设计的一个重要内容。教学结构具有以下重要特征：理论依附性、动态性和系统性，这些特征在任何教学系统中都发挥着作用。教学结构设计既可以保证整个教学活动进程的连贯性、完整性，又可以让各教学要素之间协同作用，提高课堂效率。

3.3.3　自主学习策略和协作学习策略的设计

"以学为主"的教学设计目标在于综合应用多种学习策略，以促使学习者主动达成意义建构。选择恰当的教学策略不仅可以帮助学习者理解知识，而且还能够深化各知识点彼此间的联系和影响。教学实践中各种学习策略一般很少孤立使用，往往相互交错、相互渗透。

1. 自主学习策略的设计

（1）支架式教学策略

这是目前使用较多的一种教学策略。支架式教学策略在"远距离教育与训练项目"（DGXⅢ）的有关文件中是这样定义的：这种策略要求事先将复杂的学习任务进行分解，以便于学生深入浅出地进行学习活动，同时，这个策略要为学生提供一种概念框架，而这个框架中的概念可为学生的进一步深入学习提供帮助。也即是说，这种策略强调为学生搭建一个平台，而这个平台利用交流、合作、情境等要素，使学生可以不断向上"攀岩"，形成"攀岩"的"支架"，用以帮助学生形成对知识的意义建构。

支架式教学策略的教学应用流程如下：第一步，搭建支架，即根据当前的学习内容，教师与学生建立起相关的概念框架；第二步，置入情境，即通过给学生抛出一定的问题，促使学生思考，将学生领入问题情境中；第三步，个体独立学习，也就是让学生独立思考、学习，最终发现问题的答案；第四步，小组协作学习，通过小组协作，共同探究、讨论，深化对学习结果的认知；第五步，效果评价，对学习结果进行客观反馈。

（2）抛锚式教学策略

此教学策略也称为"实例式教学"或"基于问题的教学"。这里的"抛锚"主要是指教师与学生基于当前所学知识的"主题"，在呈现的现实情境中发现一个现实事例或真实问题，抛锚式教学策略主要是让学生围绕该问题进行自主学习以解决问题。抛锚式教学策略的实施步骤为：第一步，创设情境。目的是使学习能在与现实基本一致或较接近的情境中发生。第二步，确定问题。这个示例或问题可以是教师或学生提出，这里的事例或问题就是"锚"，这一环节的目的就是抛出"锚点"。第三步，自主学习。这一环节要注重培养学习者的"自主学习"。第四步，协作学习。学习者之间进行问答、合作、竞争等一系列协作学习课堂活动。抛锚式教学策略实施的目的之一就是建立促进合作学习的条件。第五步，效果评价。这一环节能直接总结出学生的学习效果。

（3）随机进入教学策略

"随机进入教学"是指通过不同途径、不同形式进入相同的教学内容来学习，以实现对同一事物或同一问题更全面的认识与理解。它意在促进学生以更加灵活的方式、更有效的形式深入探究知识点。它的具体步骤为：第一步，呈现基本情境。第二步，随机进入学习，通过不同方式、不同途径进入学习内容。第三步，思维发展训练，即让学生从不同角度认识和理解学习内容。第四步，小组协作学习。第五步，学习效果评价。

（4）启发式教学策略

苏格拉底认为，启发式教学策略是一种有效的教学方法，教学中不能将现成的答案灌输给学生，可以用问答的方法进行教学，这能鼓励他们自主探索，从而更好地掌握知识。它的具体步骤为：第一步，启发诱导，创设问题情境，即提出问题。第二步，探究知识的尝试，即学生可查阅资料或进行实验，尝试性回答问题。第三步，归纳总结，纳入知识系统，将学生的尝试所得，进行归纳总结。第四步，变式练习的尝试，将问题进一步复杂化，不断培养创造性思维能力。第五步，组织质疑和讲解，教师有针对性地组织质疑和讲解。第六步，效果评价，由教师进行评价。

（5）基于 Internet 的探索学习

基于 Internet 的探索学习策略通常采用的学习方式包括：简单的邮件列表、网页方式以及大型的复杂学习系统。它主要应用于 Internet 支持的学习环境下。它是指学生围绕某一学习内容，通过互联网获取关于这一内容的各种资源，以充实视野，提高认识。

实施这种策略需要有四个基本要素：一是问题，即提供给特定教学对象来解决的问题。此问题需要由某个组织或机构通过互联网向教学对象发布，并要求教学对象解答。二是资料，即各种资源。在实施此种策略时，为了在解决问题过程中便于教学对象查询，必须要给教学对象提供与问题有关的、大量的资源。三是提示，即在教学对象遇到困难时给予的帮助。此种策略要求为教学对象提供专家咨询和帮助。教学对象在学习过程中总会到各种疑难问题，这时专家就可以提供咨询和帮助，但提供给学生的帮助是给予一定的提示和启发，并不是将答案直接告诉给学生。四是反馈，即当教学对象学习结束时，要提供给学生问题的正确答案，并评价在学习过程中的表现。在教学时，衔接和组织好这四个要素，就能使教学效果达到更好。

2. 协作式教学策略的设计

（1）课堂讨论

这种策略是指生生之间和师生之间针对某一问题展开交流、争论的过程。课堂讨论策略能让学生互相评价所提出的观点，同时也能使学生深层次地理解某个问题。课堂讨论策略中讨论的题目可以由教师提出，也可以由学生提出，这种策略要求教师组织、引导整个协作学习过程。

课堂讨论策略的应用一般包括两种不同情况：一是学生事先不清楚学习主题；二是学生事先清楚学习主题。为了让教师能更好地运用课堂讨论策略，在实际实施时需注意：讨论题目的选择要慎重，题目选择好了，可以帮助学生理解相应知识，激发学生的积极性；讨论前需设计能将讨论一步步引向深入的后续问题；在讨论时，如果有偏离教学内容的情况发生时，要及时给予纠正，使其向着良好的方向发展；教师要及时对学生在讨论过程中的表现给予评价；教师在讨论过程中要对每位学生进行仔细观察，并专注、认真地倾听每位学生的发言，以便及时、准确地指引学生；讨论的尾声，应对整个交流过程做出总结，可以由教师进行，也可以是学生。

（2）角色扮演

角色扮演有两种常见方式：一是情境角色扮演，即将学习内容与情境密切联系，让多个学习者分别扮演不同的角色，从而创造一种身临其境的氛围，使学习者能够对学习内容和学习主题设身处地地理解。二是师生角色扮演，即在模拟现实教学情境的基础上，让学生分别扮演老师和学生的角色，老师扮演者给学生扮演者提出问题和要求，学生扮演者回答问题，老师扮演者检查学生扮演者的答案是否有误。当学生扮演者在回答问题时遇到困惑或困难时，老师扮演者要给予帮助。

（3）竞争

它是一种激烈的学习活动，是指两个或多个学生对于同一知识或学习情境，基于计算机网络环境展开激烈的竞赛，看谁最先达成教学目标。由于参与者之间存在竞争关系，学生会迸发出与身俱来的求胜欲望，从而获得更好的学习效果。在制定竞争策略时，教师应注意：首先，要选择合适的竞争对手，避免学生产生失败感、挫折感；其次，要巧妙地设计竞争主题，利用学生的不甘心和渴望两种心理来进一步刺激学生的学习。

（4）协同

协同策略是指某个学习任务被多个学习者以合作的方式完成，在共同完成的过程中，学习者逐渐理解和领悟学习内容，并互相帮助、互相争论、互相提示、分工合作，从而充分利用每一位参与者的优势。计算机网络环境下的协同学习系统，能使不同的学习者通过网络来解答系统中同样的问题，学习者之间能进行交流、协商与合作，发挥每一位参与者的优势与特长。分工或合作最终才能更好地解决问题。在进行协同策略学习时，学习者可以采取他们认为最高效、最适合的合作方式。

（5）伙伴

伙伴策略是指在学习过程中找到一个有共同学习目标的同学，当没有问题的时候，大家各自学习；当碰到问题时，才互相讨论、商量以获得启发和帮助。在计算机网络条件下，学生可以拥有更多的学习伙伴，这使得他们能够取得更好的学习效果。当应用网络环境下的伙伴系统学习时，学习者需要先选择自己的学习内容，再在网络上选择与他们学习内容一致的学习者，只要双方意愿一致，就可以成为学习伙伴，当遇到学习上的困难时，他们可以互相讨论、互相帮助和提醒，直至问题解决。伙伴策略使得学生的学习过程不再枯燥和孤单，而是充满乐趣。

在实际中，教学设计者并不拘泥于单独使用某一种教学策略，也不是简单地照搬别人的成功案例，而是应该根据学习内容和学习主题的特点，巧妙地将多种教学策略有机融合，灵活运用，达到教学效果最优化的目的。

3.3.4 "以学为主"教学设计案例——化学"二氧化碳制取的研究"

"以学为主"的教学系统设计能充分发挥学生的主动性、积极性，提高学生动手能力，是很多教师在教学中经常使用的教学模式。这里，我们选择人教版化学九年级上册第六单元课题2的内容——"二氧化碳制取的研究"，设计"以学为主"的教学方案。

"二氧化碳制取的研究"教学系统设计

1. 学习者特征分析

本单元是九年级上册六单元内容，教学对象为九年级学生，此阶段学生正处于青春期，身心发展状态变化大，学生的思维、认知、想象能力及创新能力正在迅猛发展。他们能独立进行初步的推理假设，也可以进行简单的自主学习，因此九年级学生完全可以开展"以学为主"的教学设计课程。但九年级学生的心理年龄还不够成熟，严谨性和理论性较缺乏，还需大量的生活经验和感性经验做支撑。在教学中，学生还需依赖生活中的大量实例来理解知识。

九年级学生的认识能力较之前有了很大的提高，能从不同的角度来看待各种问题。他们不再愿意模仿、服从和执行，他们往往更希望自己称为探索者、发现者和选择者，独立意识明显加强，在家长和老师眼中就明显具有了"叛逆性"。九年级学生兴趣广泛，对新鲜事物兴趣浓厚，兴趣也更为长久稳定，但由于生活经验少、阅历浅，想法往往天马行空，脱离实际。他们思考问题较片面，观点和想法新颖却又肤浅。因此，在化学实验中，让他们参与进来，教师进行适当引导，将他们的观点和想法付诸实践，可以收到意想不到的效果。

在学习本课之前，学生是学习过一些信息技术、数字化教学资源知识的。在本课教学前，学生可以利用信息技术技能知识，去网络上搜索，为本节课的学习做相关知识的储备。学生在第二单元已经学习了氧气制取的方法，已经掌握了气体的制取原理、实验装置使用、气体收集等知识，这些对本节课"以学为主"教学模式的设计奠定了基础，也对本节课知识的探究具有一定的引导作用。所以，本节课的知识难度对于学生来说不大。

2. 教学目标分析

知识与技能：

①掌握在实验室中如何制取二氧化碳的原理和方法。

②探究在实验室中制取气体的一般原理。

过程与方法：

①能合理搜索、分辨、使用网络相关信息资源，并会利用这些资源设计实验方案。

②合理培养并提高学生的协作能力和表达能力。

情感态度与价值观：

①通过生生之间的合作，体验探究的乐趣。

②能从化学实验的设计中体验成就感，并提高化学学习的兴趣。

③学生具备自我评价的意识。

3. 教学重难点

重点：实验室中制取二氧化碳的反应原理、反应装置以及气体收集方法。

难点：确定实验室制取二氧化碳的反应装置和气体收集装置。

4. 学习内容分析

本节课知识原理是：$CaCO_3+2HCl=CaCl_2+H_2O+CO_2\uparrow$，它是属于策略性知识。本节课的主题是制取二氧化碳，而制取二氧化碳的方法有多种，这就可以通过设计自主学习活动来体现并展开，尽量发挥学生的主动性和积极性。

5. 学习情境创设

本课程会提前让学生预习，并让他们在网络上学习二氧化碳制取的相关知识，课程导入也会采用演示生活中真实案例的形式进行。

6. 信息资源的设计与创设

学生主要采用小组协作的方式学习，进行小组协商、讨论，由此得出实验原理、实验装置、实验过程和实验结果。

7. 教学过程设计——教学策略的设计

本课内容是二氧化碳制取的探究，教学设计采用抛锚式教学策略。

在正式上课之前，布置预习任务：同学们在网络上搜索并观看视频《二氧化碳制取》的实验内容。

本节课教学环节如表3-2所示。

表3-2　"二氧化碳制取的探究"教学环节

教学环节	教师活动	学生活动	设计意图
第一环节：创设情境，导入课题	演示小实验时用展示台同屏至电子白板上。 　　教师准备好水、食用油、红墨水、泡腾片和矿泉水瓶子。将水和红墨水倒入矿泉水瓶子中，大概瓶子的四分之一处，再倒入瓶子二分之一的油。将泡腾片放入瓶子中，慢慢会有红色液体向上冒泡的景象，特别像"火山喷发"。	学生观察实验，感到好奇。	演示泡腾片小实验，联系生活实际，激发学生的学习兴趣。
	教师提问：同学们，你们看到了什么？是什么原因造成这种现象的呢？	学生猜测：是因为它生成了二氧化碳。	
第二环节：提出问题，抛出锚点	在上述小实验后教师提出问题：实验室中如何来制取二氧化碳气体呢？展示本节课标题：课题2 二氧化碳制取的探究。		

表3-2(续)

教学环节	教师活动	学生活动	设计意图
第三环节：自主学习	探究二氧化碳制取的实验原理。 教师提问：在刚才的小实验中，泡腾片的主要成分是碳酸钠、碳酸钙、碳酸氢钠等，而油是酸性物质，它们是怎么生成二氧化碳的呢？	学生回答：酸性物质和碳酸钠、碳酸钙反应生成二氧化碳。	学生已经提前在网上预习了《二氧化碳制取》的相关实验，对本课内容有了一个基本的认识。 此环节主要培养学生的独立思考能力。
	教师提问：如果将酸性物质换成盐酸呢？化学反应方程式是什么呢？	学生回答：$CaCO_3 + 2HCl = CaCl_2 + H_2O + CO_2 \uparrow$ $Na_2CO_3 + 2HCl = 2NaCl + H_2O + CO_2 \uparrow$	
	教师提问：在制取二氧化碳实验中，原料用碳酸钠和碳酸钙哪个好一些？	学生回答：使用碳酸钙好一些，因为碳酸钠与稀盐酸反应会得到碳酸氢钠和氯化钠，不会有二氧化碳，要想生成二氧化碳，碳酸钠必须和足量盐酸反应才行。	
第四环节：协作学习	探究二氧化碳制取的实验装置。 理想的实验原料有了，现在我们来选择实验装置。 教师提问：前面我们学习了氧气的制取实验，常见的制取气体的发生装置有哪些？你觉得二氧化碳更适合哪种实验装置呢？ 5分钟后，教师将学生绘制的装置图拍照同屏至电子白板上。	同学们分小组讨论，并在纸上画出制取二氧化碳的实验装置图。	教师提出问题，让学生思考讨论，学生自己总结得出结论，这样做，学生更有成就感，更能发挥学生主动性。
	探究二氧化碳气体的实验收集装置。 教师提问：二氧化碳无色无味，怎么收集它呢？氧气用的是排水法，那二氧化碳能用排水法收集吗？ 可以用排水法收集二氧化碳。二氧化碳虽然溶于水，会与水反应生成碳酸，但是碳酸极不稳定，很易分解，分解后产生的仍是二氧化碳。	学生错误回答：二氧化碳易溶于水，不可用排水法。	
	参考氧气的收集方法，让学生分组绘制收集装置。5分钟后，教师将学生绘制的完整实验装置图拍照同屏至电子白板上。 让同学讨论装置的优缺点，交流这样设计的理由。	让学生小组讨论，并在刚才的实验装置图上接着绘制气体收集装置。	通过回忆旧知识总结得出新知识，帮助了学生对知识的迁移。让学生自己动手实验，培养了学生的动手能力。
	同学们分小组按照刚才绘制的实验装置图进行实验。	学生动手完成实验。	
第五环节：学生学习情况评价及总结	本节课内容知识总结。 教师提问：实验室制取气体的思路是什么？本节课同学们都有哪些收获？ 布置课外作业：模仿"火山喷发"小实验，利用生活中的物品，组装制取二氧化碳实验装置。	学生各抒己见。	通过对实验装置的反复探索，进一步深化实验室制取气体的思路。

8. 教学评价与反思

本课程采用实验法、探究法、讨论法进行教学，采用"以学为主"模式进行教学设计。在整堂课中，教师没有讲课，只是在不停地提问，展示学生答案，教师扮演的角色是咨询者、帮助者、组织者，不再是讲授者。实验的原理、实验装置、实验过程都是学生讨论得出结果，学生参与其中，激发了学生的主动性、积极性，学生在课程结束后更有成就感。

当然，此教案中也存在一些不足。比如，过分依赖学生已有知识，一旦学生预习不充分，实验结果和教学效果可能差强人意。

3.4 "主导—主体"教学设计模式

3.4.1 理论基础

20 世纪 90 年代以前，教学系统设计应用模式主要采用"以教为主"，这种设计模式以行为主义学习理论为基础，不关心外部的刺激所引起的学习者内部的心理过程。该模式认为对外部刺激的反应是学习的起因，认为学习只与行为有关，因此要控制和预测学习结果，只需要控制刺激就可以了。这种模式的优点是有利于师生之间的情感交流，有利于教师对整个教学活动的组织和监控，有利于发挥教师的主导作用，因而有利于传授系统的科学知识，并在学习过程中能充分考虑情感因素。其严重弊端是学生的学习主体作用被忽视，课堂完全被教师主宰，不利于创造型人才的成长。

20 世纪 90 年代以后，建构主义日益被大家接受并流行，"以学为主"的教学模式逐渐发展起来。它的理论基础为建构主义的教学理论和学习理论，理论基础比较单一。建构主义学习理论强调以学生为中心，认为学生才应该是知识意义的主动建构者，也是信息加工的主体。他们认为教师灌输知识是不对的，学习应该是学生通过必要的资源主动建构的，并在一定的情境下通过讨论、交流、协作、互相帮助而形成的。所以建构主义学习环境的要素是"协商会话""情境创设""信息提供"。同时，建构主义的教学理论主张教师是课堂教学的指导者、组织者，教师在学生进行主动意义建构时以咨询者、促进者、帮助者的身份出现，教师不再是课堂的灌输者和主宰者。它要求学生的主要学习方式是自主发现式，即"发现式教学"。这种方式是教师要掌握的一种重要的教学策略，也是学生掌握学科内容的最主要方法。"以学为主"有助于创新型人才的培养，这里的"创新"不仅体现在思维的创新，更体现在能力的创新，但它最大的弊端体现在学生学习效率不高，所学知识比较零散，并且忽视了情感因素对学习的促进作用，容易导致教学任务可能无法完成或教学目标无法实现。

通过以上分析可以看到，"以教为主"和"以学为主"这两种模式都有各自的弊端和优点。如果我们将这二者相结合，则可优势互补，取长补短，相得益彰。"主导—主体"教学模式就是在这种情况下而出现的。我们将建构主义的"教与学"理论与奥苏贝尔的"教与学"理论相结合，构建了"主导—主体"教学设计模式的理论基础。建构主义强调学生的主体作用，而奥苏贝尔理论刚好与建构主义相反，它重视在学习过程中的情感因素，并强调教师在课堂中的引导作用，两者优势互补。"主导—主体"教学系统设计模式整合了"以教为主"与"以学为主"的优点，去其劣势，因此它的理论基础是比较全面而科学的。

3.4.2 方法和步骤

"主导—主体"教学系统设计的目的是融合"以教为主"和"以学为主"两种教学设计理念，但其指导思想却与它们有本质的不同。"主导—主体"教学系统设计不仅强调学生的学习主体地位，又重视教师的教学主导作用。具体的双主教学设计模式的流程如图4-4所示。

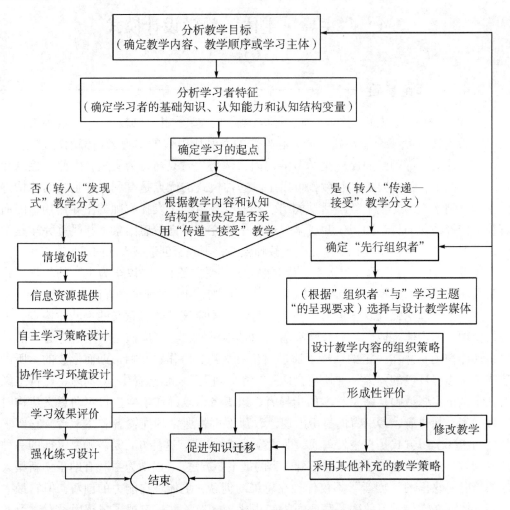

图4-4 双主模式的教学设计流程

此教学系统设计模式有以下四个特点。

①可依据教学内容、学生的学习需求以及学生的个人特点灵活选择左边"发现式"教学分支或右边的"传递—接受"教学分支。

②在"传递—接受"教学活动中，通常以"先行组织者"教学策略为主，同时辅以其他教学策略，以提高教学效果。

③选择"发现式"教学分支时也可充分汲取其他教学设计模式的优势（例如，学习者的特征分析、教学内容分析等）。

④考虑到情感因素（即学习动机）对学习的促进作用，在"情境创设"（左边分支）或者"选择与设计教学媒体"（右边分支）时，可凭借创设适宜的情境，或选择的呈现教学内容的媒体来刺激学生的学习动机；在"学习效果评价"（左边分支）或根据形成性评价结果进行的"修改教学"（右边分支）时，可开展小结、讲评、表扬和鼓励等活动，以此来帮助学习者三种内驱力的合成和发展。

3.4.3 "主导—主体"教学设计案例——美术"色彩与生活"

"主导—主体"教学设计模式既可以发挥教师的教学主导作用，同时又强调学生的学习主动性，在教学中应用比较广泛。下面，我们就以人民美术出版社的七年级上册7单元"色彩与生活"为例，进行教学系统设计。

"色彩与生活"教学系统设计

1. 学习者特征分析

本单元是七年级上册内容，教学对象为七年级学生。这一阶段，他们开始进入青春期，身体状况正在不断完善，心智也在迅速成长。七年级学生自我意识开始发展，但他们理性思维的发展还很有限，看问题仍处于直观和感性思维阶段，同时他们也有了一定的评价能力，这些都有助于本课内容的学习。从这一阶段开始，他们关注自己的形象，并且希望得到老师和同学的肯定，所以我们会在教学中融入一些有关形象的活动，比如设计服装，让学生参与进来，发挥学生的主动性、积极性。

在学习本单元以前，学生已经学习了一些基本的色彩知识，比如三原色、三间色、复色、色相、对比色等，这些都为本单元的知识教学奠定了基础。本课属于"造型、表现"领域知识，着重介绍色彩的搭配和三要素。本单元内容既是对小学所学色彩的复习和总结，也是对中学美术色彩学习的抛砖引玉。因此，通过本单元的教学，有助于学生从生活中发现、探究、感知和认识色彩搭配的技巧，为以后的色彩深入学习奠定基础。

2. 教学目标

知识与技能：

①掌握色彩的三要素和色彩的冷暖知识。

②能运用所学色彩搭配的知识美化生活，并提高生活的审美品质。

过程与方法：

能感知和认识到色彩在生活中发挥的重要作用。

情感态度与价值观：

①能观察和分析生活中的色彩现象。

②能体验到不同的色彩搭配效果带来的乐趣和感受。

3. 教学重难点

重点：色彩的三要素和色彩的冷暖知识。

难点：对生活中及作品中的色彩现象进行分析，提高色彩欣赏水平，陶冶情操。

3

信息化教学设计及案例

4. 教学内容分析

这个主题的教学对象是七年级的学生，他们已具备一定的总结、归纳、评价能力，而学生也在小学阶段学习过有关色彩的基础知识，因此本单元内容采用"主导—主体"教学模式，教学过程采用"传递—接受"策略，并结合"发现式""角色扮演"策略。

5. 教学媒体的选择

由于课堂中使用了动画和图片，因此本节课的教学媒体选择采用课件进行教学。

6. 教学过程设计

本节课课前，已经提前让学生准备了帽子、丝巾、花束等，以便于在课堂上进行教学活动。本节课具体教学环节见表3-3。

表3-3　"色彩与生活"教学环节

教学环节	教学活动	学生活动	设计意图
第一环节：设置情境，引入新课	教师：大家想不想听歌呢？播放流行歌曲《天堂》，并和同学们齐唱。	学生唱歌曲《天堂》。	以师生合唱调动学生情绪，活跃课堂气氛。
	唱完后，教师提问：在这首歌曲中，都出现了哪些颜色呢？在学生回答后，利用PPT播放彩色的草原照片。	学生回答：蓝蓝的天空、清清的湖水、绿绿的草原、洁白的羊群等。	
	教师：那如果我们看到的草原是这样的呢？（说完后，播放黑白的草原照片）你觉得黑白的草原好看呢还是彩色的好看呢？你更愿意生活在哪个环境呢？我们能感受到生活的丰富多彩，是因为我们生活在一个色彩丰富的世界里。今天，就让我们走进色彩的世界，一起去感受生活中的色彩吧。	学生回答：彩色的草原更好看，更愿意生活在彩色的环境中。	用对比的方法，让学生感受色彩的美好。

表3-2(续)

教学环节	教学活动	学生活动	设计意图
第二环节:探究色彩,讲授新课	利用PPT播放一些生活中的色彩鲜明的图片,比如:红色的辣椒,绿色的草地,橙色的橘子,黑色的汽车等。 教师提问:这些图片上都是什么颜色呢?	学生回答:红色、绿色、黑色等。	通过图片让学生直观感受什么是色相。
	每一种颜色它都有一个名字,能够辨认,这就是色彩的相貌,即色相。 显示板书:"色相:颜色的面貌,即颜色的名称"。		
	利用PPT播放一系列图片,都是相同内容的图片,但颜色一明一暗进行对比。 教师提问:这些图片都有什么不一样呢?	学生回答:一个更暗,一个更亮,颜色明亮程度不同。	通过对比图片让学生直观感受什么是明度。
	教师总结:他们的色彩明亮程度不同,也就是说颜色的深浅不同。 显示板书:明度:色彩的明亮程度,即色彩的深浅。		
	教师演示小实验,并利用展示台将其投屏到电子白板:取出红色颜料,加入白色,再加入黑色,再加入蓝色。在加入颜料时,提示学生观察颜色的变化。 教师提问:在实验过程中,哪个颜色纯度最高?哪个最低? 显示板书:纯度:色彩的纯净程度。三原色,红、黄、蓝纯度最高。	学生观察颜色的变化:红色—浅红色—深红色—紫色。 学生回答:红色纯度最高,紫色纯度最低。	通过小实验,锻炼学生的观察能力。
	教师总结:色相、明度以及纯度叫做色彩的三要素。色彩三要素是色彩学习的基础,常常会出现在同一个画面中。明度与纯度是相互影响和相互制约的关系,比如,白色能增加色彩的明度,同时它又降低了纯度;黑色,明度和纯度都会降低。	—	—

3

信息化教学设计及案例

表3-2(续)

教学环节	教学活动	学生活动	设计意图
第三环节：实践练习主动探索	在上述知识讲解之后，教师利用PPT课件展示两组家具装饰图片。让学生思考：两组图片在色彩搭配上有什么不同？你更喜欢哪一组？	学生回答：一组色彩柔和，让人感觉很温暖；一组色彩对比强烈，让人感觉比较干净、凉快。	让学生通过图片对比，可以直观感受到色彩的冷暖，为下面的色彩搭配做铺垫。
	这两组图片，一组是暖色调，一组是冷色调。让学生分组讨论：哪些色彩让人感觉温暖，哪些色彩让人感觉寒冷？	学生分组讨论：红、黄等颜色让人感觉温暖，绿、蓝、白等颜色让人感觉寒冷。	通过分组讨论，让学生自己得出色彩的冷暖知识。
	现在，我们来做一个小游戏"给颜色找朋友"。教师提前准备好衣服、裤子、裙子的各种颜色卡片，让学生分组，要求学生在讨论的基础上搭配出"明艳组合""热情组合""忧伤组合"等。	学生分组讨论搭配出他们认为最合适的颜色，颜色可以两种搭配，也可以多种搭配。	这两个游戏均以小组为单位进行，学生在交流讨论中有思维的碰撞，迸发出火花，学生最终的答案不重要，因为不同的人感受不同，关键是让学生自己去体验并找寻属于自己的色彩搭配的感受。
	教师：同学们，刚才的小游戏中色彩搭配得都很棒，现在，我们来把刚才的色彩搭配付诸实践，请同学们当一回服装设计师。 教师：同学们以小组为单位，用你们带来的丝巾、帽子、花束等装饰打扮一个同学，看看哪个小组打扮得最漂亮。 装饰完后，让学生展示，其他同学欣赏互评。	同学们小组合作，利用色彩搭配知识装饰同学的服装。	
第四环节：小结作业，拓展延伸	教师提问：色彩怎么搭配好看呢？色彩搭配的规律是什么呢？ 教师总结本节课所学知识点。 课后作业：举例说说色彩在生活中的重要作用。	学生自己总结回答：①同色系搭配；②类似色搭配；③对比色搭配。	让学生参与到课堂总结中，发挥了学生的主动性、创造性。

7. 教学评价及反思

本节课采用的是"主导—主体"教学系统设计模式。学习色彩的三要素和冷暖知识时，教师进行引导，帮助学习掌握知识，这体现的是教师的主导作用；学习色彩的搭配时，教师组织了两个游戏，让学生在游戏过程中去感受并总结出搭配的技巧，这体现的是学生的主体作用。这样，学生既能学到全面的、系统的知识，同时又能主动参与到课堂中，激发了学生学习的兴趣。

美术课程需要带给学生美的享受，本节课多次用到图片，既符合主题，又能调动学生的兴趣，让学生更容易理解知识点。本节课设计的两个游戏，能调动学生的积极性、主动性和创造性，又加深了学生对色彩知识的印象，为后续掌握色彩的知识做了很好的铺垫。

当然，此教案中也存在一些不足。比如，讲解色彩的明度、纯度时，学生很难理解，因此，在后续课程时应加强复习，加深学生的印象。

教学设计的三种模式各有特点，在教学中，对教学进行设计时，应考虑实际情况，比如学习者特征、环境特征、教学条件等，以此来决定用哪种教学设计模式，不能为了使用教学设计模式而使用教学设计模式。

习题与思考

1. 简述教学设计的特征。
2. 请用自己的语言叙述对教学设计的理解。
3. 结合自己的专业，挑选学科教材中的任一章内容，写出该内容的教学目标。
4. 简述"以教为主"教学系统设计的步骤。
5. 简述"以学为主"教学系统设计的步骤。
6. 简述"主导—主体"教学系统系统设计的步骤。
7. 结合自己所学专业，选择一种教学设计模式设计一节教学课，要求写出完整的教学设计方案。

4 | 计算机辅助教育

■内容提要

随着计算机及相关技术的高速发展和人类文明进程的不断进步，社会发展对教育提出了更高的要求，教育面临新的挑战。在教育理论、信息理论等推动下，逐渐形成并发展起来一门十分活跃的交叉性学科——计算机辅助教育。计算机辅助教育是利用计算机以及科学的教与学方法来解决教育中问题的过程。本章围绕计算机辅助教育而展开，主要介绍其发展、相关概念和教育应用。

本章思维导图

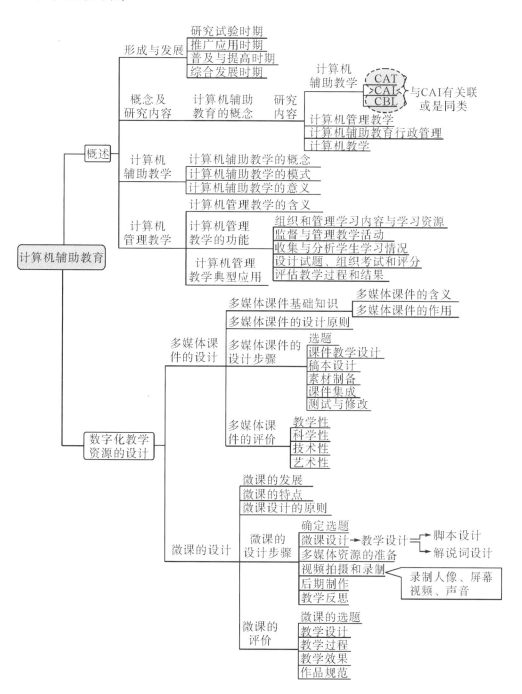

4.1 计算机辅助教育概述

4.1.1 计算机辅助教育的形成和发展

1928 年，美国心理学家普莱西发明了人类历史上第一台程序教学机，可以用于测验。他指出，利用该机器可以将教师从日常琐碎的事务中解放出来，教师就有更多时间进行真正的教学工作。1951 年，斯金纳在《学习的科学与教学艺术》一文中阐释了程序教学的意义和作用。心理学家们没有想到，这个以小鼠为实验对象得出的教学思想在 20 世纪 60 年代初掀起了教育改革的浪潮，推动了以"学习者"为中心的个别化教学的发展。进入 20 世纪中叶，人类逐渐步入信息时代，知识迅速更新，对人才的需求更趋多元化与可变性，人类教育需要创新模式来满足日益增长的人才培养需求。1946 年，世界上第一台计算机于美国诞生。1958 年，IBM 公司成功开发出世界上第一套计算机教学系统。20 世纪 50 年代后期，人类教育发展最伟大的成就之一就是计算机在教育领域中的应用，自此开始，人类步入了计算机于教育中应用研究的时期。计算机辅助教育主要是指计算机在教育领域中应用的总称，它的发展经历了以下四个时期。

1. 研究试验时期（1958—1965 年）

这一阶段的特征是各个大学与计算机公司合作研究。研究的集中体现是研发与试用各类计算机辅助教育系统、探求计算机在教育中应用的模式、测量与评价应用作用和效果等方面。例如，1958 年 IBM 公司借助一台 IBM 650 计算机外连一台打字机来为小学生讲授二进制算术，该系统具备推荐符合学生具体要求的习题的功能。1960 年，美国伊利诺大学计算机辅助教育研究室开发了一个大型计算机辅助教育系统 PLATO。随后，IBM 公司相继又开发了适用于心理学、统计学以及德语阅读等内容的系统。斯坦福大学的帕特里克·萨贝斯教授为一名小学教师提供了一套系统，可用于小学算术教学和阅读训练。这一时期计算机辅助教育应用研究的指导思想主要是行为主义学习理论，也就是斯金纳的刺激—反应—强化理论。

2. 推广应用时期（1966—1975 年）

1966 年，斯坦福大学开发出了 IBM 500 教学系统，涉及学科更加广泛，包括数理逻辑、高等数学、外语、音乐、哲学等。加利福尼亚大学在这一时期成立了教育技术中心，相继开发出了大量的计算机辅助教学课件，内容涉及物理、自然科学等多个领域。伊利诺大学开发的 PLATO 系统Ⅳ型，它以 CDC 公司的 Cyber 175 型作为主机，外接数千台教育终端，提供超过 200 门课程的教学服务，共逾 10 000 学时。1972 年，MITRE 公司与德克萨斯大学和杨伯翰大学合作研发出了 TICCIT 计算机辅助教学系统，此系统可由学生控制，强调以学生为中心。1970 年以后，开发的系统涉及的学科进一步扩大，计算机辅助教育的影响力也进一步扩大。

3. 普及与提高时期（1976—1990 年）

这一阶段研究的重点转移到微型计算机的应用上。微型计算机相较于大型计算机，体积更小、价格低廉、功耗低，更有助于普及应用。随着人工智能技术的出现和发展，计算机辅助教育与人工智能相结合，出现了智能计算机辅助教学（intelligent computer assisted instruction，简称 ICAI）的思想，大量的人工智能专家也投入了计算机辅助教育的研究。智能计算机辅助教学的理论基础是认知科学和思维科学，它利用人工智能技术和认知心理学等学科知识，能够为个体形成一种个别化和个性化的自适应学习环境，能对学生实施更有效的教育。1989 年，美国霍普金斯大学主要学科使用计算机辅助教学的比例超过了三分之一。20 世纪 70 年代末，我国也开始了计算机辅助教育的研究和实践。

4. 综合发展时期（1991 年至今）

进入 20 世纪 90 年代，各种新技术层出不穷，多媒体技术使得文本、图片、声音等多种信息可以集成在同一屏幕上显示；超文本结构使得教学内容非线性的呈现，具有了人机交互功能的属性，更符合学习者的学习习惯；互联网的发展使得远距离教育成为可能；人工智能技术的应用，促进了 ITS 智能指导系统的研发；虚拟现实技术、增强现实技术的发展可以为教育提供更逼真和多样化的学习环境。计算机辅助教育作为交叉学科的特点越来越突出，其发展也逐渐过渡到综合性网络教育的应用阶段。与此同时，建构主义理论（constructivism）上升为指导性的理论。

4.1.2 计算机辅助教育的概念及研究内容

1. 计算机辅助教育

计算机辅助教育（computer based education，简称 CBE），主要研究计算机技术在教育领域中的应用，涵盖以计算机为主要媒介所进行的所有教育活动，即应用计算机技术来辅助教师的教学、帮助学生学习、帮助教师管理以及组织教学活动等多个方面。

2. 研究内容

计算机辅助教育涉及教学、学习、管理以及科学研究等各种领域，它的具体研究内容分类标准不一，在概念上也有较多的模糊与相互重叠之处。本书将其研究的内容理解为计算机辅助教学、计算机管理教学、计算机辅助教育行政管理和计算机教学四个方面。

计算机辅助教育行政管理是计算机在教育行政管理事务中应用的总称，它是以计算机为手段，对学校的行政信息进行全面管理的人机系统。计算机辅助教育行政管理涉及广泛，是 CBE 最早的实践领域之一，可应用于学校资源管理、学生档案管理、教工档案管理、教务管理、财务管理、图书管理等。例如，学校中学生档案的管理工作，这通常是一个繁琐的过程，涉及档案的录入、统计、查询等多项工作。采用计算机辅助档案管理系统来进行档案的归档整理，能够将管理工作从大量的体力劳动和重复工作中解放出来，达到事半功倍的效果，也便于档案后期的查询调用，提高了工作效率。教务管理涉及课程的编排、教材的征订统计、考试相关安排和学生补缓考的安排等多项工作，即使只是排课这一项工作也不简单，需要综合考虑各部门、学院、学生、教师、场地以及时间等。借助计算机自动排课系统更能有效地避免冲突，提高效率，也可以使得开课安排、排课的调整以及调停补课事务更方便灵活。

计算机教学是以计算机及相关知识为主体学习内容而展开的各种教学活动。例如，以计算机原理、计算机的组成、计算机基本操作与应用、程序设计等为认知内容而开展的教学。下面，我们着重介绍计算机辅助教学和计算机管理教学。

4.1.3 计算机辅助教学

1. 计算机辅助教学的概念

计算机辅助教学（computer assisted instruction，简称 CAI），简单来说，就是将计算机应用于传统教学中，发挥教学媒体甚至教师的功能，它是随着计算机技术的出现而发展起来的一种教学形式。早期的计算机辅助教学来源于"程序教学"的思想，学生利用计算机辅助教学系统外接的各种终端设备来学习。学习活动表现为与计算机系统中预先设计的一系列教学程序进行交互，在这个过程中获得知识和技能。计算机辅助教学是将程序教学的理念与现代电子计算机相结合而形成的一种个别化教学形式。

随着认知心理学以及科学技术的发展，CAI 的内涵也发生了转变。从广义上来说，计算机辅助教学是指在计算机辅助下进行的各种教与学的活动，以人机对话的方式与学生讨论教学内容、安排教学进程以及进行教学训练的方法与技术。与 CAI 有关联的包括计算机辅助训练（CAT）、计算机辅助学习（CAL）和计算机化学习（CBL）。有时也将 CAT、CAL 和 CBL 统一归于 CAI 这一大类。

计算机辅助教学能够为学生构建一个良好的个别化学习环境，随着计算机相关技术的发展，例如多媒体、超文本、网络通信、虚拟现实、AI、知识图谱和知识库等，更能增强信息的可视化和非线性结构，形成更真实的学习情境，克服传统教学情景方式上单一、片面的缺点，也符合学习者的认知特点。这些技术应用于计算机辅助教学中，能促进学生更快地习得知识、提高课堂绩效。

计算机辅助教学可视为计算机技术与教学艺术的综合体，它的系统构成一般包括计算机硬件、系统软件、教学软件以及相关师生四个部分。其中，系统软件可涵盖操作系统、语言处理、各类工具软件和写作软件。这里的教学软件也就是指课件。

2. 计算机辅助教学模式

教学模式是指在一定的教育思想指导下形成的比较典型、稳定的教学程序或者构架。计算机辅助教学模式是利用计算机进行教学活动的一种交互方式，也可以称作信息化教学模式。计算机辅助教学模式的实现依赖一定的信息化教学环境，要以数字化教育资源、信息资源管理系统和网络通信系统为基础，既包括硬件，也包括软件。例如多媒体课件、多媒体计算机、网络教室、智慧教室等。根据计算机辅助教学中多媒体课件发挥功能的不同，计算机辅助教学模式可以分为操练与练习型、个别指导型、咨询型、教学模拟型、游戏型、问题解决型等类型。我国教育技术领域学者祝智庭从价值观和认识论两个维度出发，分析了信息化教学模式，提出了 CAI 教学模式的一种分类框架理论（祝智庭，1996），如图 4-1 所示。

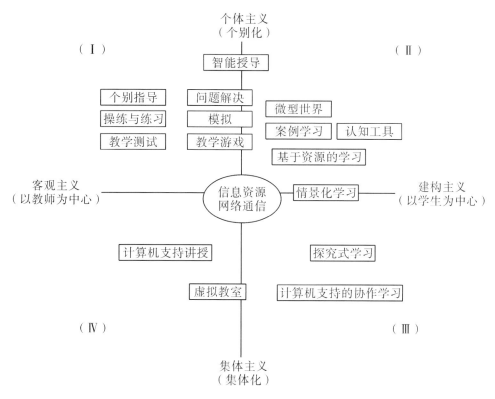

图 4-1 CAI教学模式的一种分类框架

每一种计算机辅助教学模式都有它典型的教学功能、结构以及活动程序，参与教学的多媒体课件也有它相对稳定的结构。

操练与练习型模式处于客观主义—个体主义分区，是典型的以教师为中心的个别化学习，主要适用于基础知识、基本技能的训练和练习，一般不用于新知识的讲授。它会逐一向学生提出问题，这些问题一般由教师来设计，要求学生通过人机交互逐一回答这些问题，计算机会判断学生的回答情况并给予学生及时的反馈和强化。图4-2、图4-3分别为操练与练习型多媒体课件的案例和一般结构图。

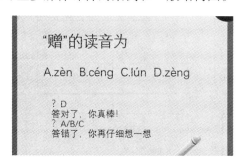

图 4-2　操练与练习型多媒体课件的案例

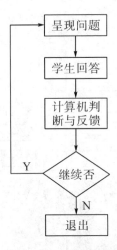

图4-3　操练与练习型一般结构图

　　个别指导型模式也是典型的以教师为中心的个别化学习方式，一般是模仿一对一的讲授式教学，主要用于新知识的传授，计算机扮演授课教师的角色。这种模式的基本流程为授课、练习和评价。它会把教学内容分解成若干小的逻辑单元，按照教学目标的逻辑单元连接起来，学生利用计算机系统软件完成自学，并随后参与练习接受评价。一般学习过程为：显示学习内容目录—学生选择内容—显示内容概要—电子教师授课—组织测试提问—学生回答—计算机判断—回答正确则进入下一单元学习、错误则进入补救分支重新学习。图4-4、图4-5分别为个别指导型多媒体课件的案例和一般结构图。

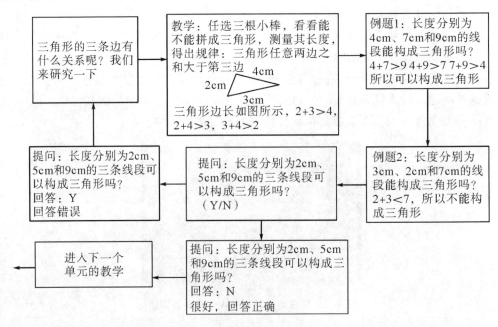

图4-4　个别指导型多媒体课件的案例

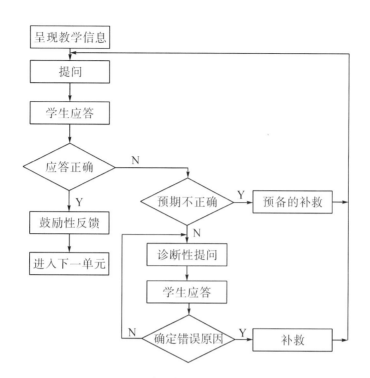

图 4-5 个别指导型一般结构图

　　教学模拟型模式通常是借助计算机来模拟某真实生活中存在的实验现象、自然现象或社会现象，让学生在这个虚拟的计算机仿真环境中进行自由探索，通过观察、操作与思考，熟练某种操作技巧或者规则，最终自己总结出结论，发展认知、技能和解决问题的能力的过程，教学模拟型模式通常需要充分发挥计算机的图文声像的特点以及交互功能。例如模拟生物实验、模拟地震的形成、模拟庭审过程等。教学模拟型模式形成的是仿真的情境，不同于真实存在的情境，具有可靠性高、安全可控、成本低、形象逼真等特点，适用于真实实验设备过于昂贵导致的设备条件不足、实验条件不满足、实验存在危险因素等情况。信息通信技术、虚拟技术的发展能为教学模拟创设更为迅速、逼真、身临其境的学习环境，可以让学生自由地探索物理或化学等仿真实验、探索海洋甚至宇宙、研究动物和植物结构、虚拟解剖实验等，达到传统教学难以实现的教学环境和教学效果。但是我们要意识到，教学模拟只是通过计算机技术仿真的学习环境，不能完全代替真实环境。

　　游戏型模式是将学习内容融入一定的游戏情景中，让学生在参与游戏过程中达到学习目的的一种模式。这种模式通常将学习过程与娱乐融合在一起，学习在玩的过程中自然而然的发生，从而达到教学目标，做到了寓教于乐。

　　咨询型模式通常是利用计算机的信息存储功能创设的一种交互式学习环境，学生提出问题或要求，计算机回答并讲解有关的内容。咨询型模式并不直接参与教学过程，主要用于为学生提供信息服务。人工智能的发展为咨询型模式提供了广阔的发展空间。

　　问题解决模式通常是以问题驱动学生学习的一种计算机辅助教学模式，以计算机为工具，让学生自己来想办法解决实际中的真实问题。学生的学习以真实问题为导向，能激发学生的学习动力，学习过程表现为不断地发现问题和解决问题。为了较好地解决问题，通常通过多种途径鼓励学生自主探究和合作探究，通过提供支持与引导激发学生的高水平思维，以达到提高学生问题解决能力的目的。问题解决模式的一般步骤为：理解问题—探索研究—解决问题—自主反思。

计算机支持的协作学习模式简称为 CSCL，它处于建构主义—集体主义分区，是典型的以学生为中心的集体化学习方式。具体是指在计算机网络等多种通信技术的支持下，处于不同地点的多个学习者与老师在交流和合作中共同完成某项学习任务，或者解决某个现实问题的一种计算机辅助学习模式。在 CSCL 模式中，计算机发挥着协作平台、认知工具以及角色扮演的作用，是实现这种信息化教学模式的基础。

不同类型的计算机辅助教学模式发挥的功能不同，使用方法也有所区别，我们通常需要根据使用目的选择适合的计算机辅助教学模式。

3. 计算机辅助教学的意义

计算机辅助教学是现代科学技术蓬勃发展的产物，在它的影响下，人类教育已经发生了翻天覆地的变化，计算机辅助教学也成了新世纪教育发展的必备知识与能力，具有重要的意义。

①提高教学效率。计算机辅助教学可以以更合理的方式为学生呈现信息，有助于优化课堂信息呈现、帮助学习理解，从而缩短学习时间、提高教学效率。

②促进了个别化学习的发展。"因材施教"是教育的重要原则，计算机辅助教学的出现促进了个别化教学的发展。计算机辅助教学与人工智能相结合，出现了智能计算机辅助教学的思想。它可以根据学生的个性差异和学习特点，进行智能化的诊断和推荐，革新传统教学"一刀切"和"齐步走"的现状。智能计算机辅助教学系统主要包括三个模块：知识库、学生模型和教师模型。其中的学生模型部分能实现判断学生知道什么、不知道什么的功能，系统通过判断、推理和搜索，动态形成适合个别化学习的内容和策略，智能诊断学生出错的原因，为学生提供学习建议。使用移动设备学习（例如学习机、掌上电脑、智能手机等）满足了学生个性化学习方式的需求，促进了个别化和个性化学习的发展。

③实现"以学生为中心"。科学技术的发展成果映射到教育领域，改变了教与学的观念，革新了教育内容、教育方法和手段。实施"以学生为中心"的育人模式离不开科学技术的支持。电子书包、智慧教室、在线学习、VR/AR 教室、沉浸式教室、全息教室、大数据等，将更有效地促进课堂学习与互动，也便于教师及时收集、统计各种反馈信息。反馈信息有助于教师准确及时地掌握学生的思维状态和学习效果，进而及时调整课堂策略，确保教学目标的实现。

④扩大教学规模、促进教育公平。计算机辅助教学通过网络课程、智慧教学、在线学习、直播课等方式，可以让学生随时随地学习，不再受时间和地点的制约。随着信息通信技术特别是 5G 技术的发展，网络速度和稳定性进一步提高，促进了师生交流采用数字化方式进行，远程交流互动也变得更为及时，缩短了与传统课堂的差距，扩大了教学的规模，也有助于优质教育资源的共享，促进了教育公平。

⑤实现创新人才的培养。创新人才的培养是新世纪教育改革最迫切的任务，计算机辅助教学是现阶段培养创新人才最有效的途径和手段之一。计算机辅助教学有助于改革学生的学习观和学习方式，增强学习意识，便于交流与合作，促进学生的发散思

维以实现创造性学习。计算机辅助教学也为学生提供了更广泛的实践环境和实践机会，有助于实现创新人才的培养。

云计算、大数据、人工智能等概念与技术进入教育，能够为学生提供更精准的需求分析，个性化的学习资源、学习路径、学习方式推荐乃至智能化的学习辅导，极大地促进了因材施教和个性化学习的发展。虚拟现实技术、增强现实技术等能够为学生呈现更加逼真的学习情境和实践操作环境，促进学生最邻近发展区学习的发生，计算机辅助教学逐渐向网络化、标准化、虚拟化、合作化方向发展。展望未来，不断出现的新媒体、新技术必将为计算机辅助教学提供更开阔的发展空间，形成更满足学习者需求的的学习体验。

4.1.4 计算机管理教学

在科学技术发展日新月异的今天，课堂教学方式在不断变化和发展，计算机在教学实施中的作用越来越突出，利用计算机来实现教学管理也变得尤为重要。计算机及网络技术具备强大的信息统计与存储、信息处理、信息共享功能，在这些显著特征的影响下，计算机技术在教学管理领域也具备广阔的空间能力。

1. 计算机管理教学的含义

什么是计算机管理教学？国际上看法很多。例如，20 世纪 70 年代 Baker 认为，计算机管理教学是使用计算机进行的学生个别化教学活动的管理工作。Leiblum 的观点则更为详细和具体，他认为，计算机管理教学涵盖教学与管理两方面的功能，具体包括制定教育目标、规划教育资源、安排教学进度、选择教材、提供练习与测验、统计分数、学生个人或者班级的进度报告、统计分析以及个别化咨询等。计算机管理教学比较典型的观点是美国电气和电子工程师协会的定义。它认为，计算机管理教学是一个综合的计算机系统，利用该系统可以实现学员信息注册，学习资源安排，学习过程控制、引导和分析以及学习表现的汇报。虽然看法很多，但是在一些方面达到了共识：计算机管理教学主要是由计算机来管理教学过程，为教师提供服务，与教务行政人员管理的教学活动不同；计算机管理教学既是一种理念，也是一项技术、一种产品。在这里我们认为，计算机管理教学强调利用计算机对教学活动过程以及结果进行的一个全方位管理的过程。

计算机管理教学（computer-managed instruction，简称 CMI），是指为配合教师教学，以计算机为主要处理手段进行的教学管理活动。它主要包括安排教学计划、教学内容与教学资源，监测与评价学生学习进展，收集反映学生学习过程及结果的各类数据，提供信息帮助教学决策以及组织测验和评分等。

2. 计算机管理教学的功能

计算机管理教学主要是利用计算机及网络来实现教学全过程的监督与管理，观察、检测、统计和分析学习过程中的生成性数据，反馈结论给教学组织者从而影响到他们的一系列教学决策的过程。具体功能可以概括为以下五个方面。

（1）组织和管理学习内容与学习资源

计算机管理教学的重要功能之一就是学习内容的组织和管理。计算机需要吸纳知识，利用计算机以及网络技术强大的数据存储和信息检索功能，教师可以将海量的学习内容、练习与测试以及其他课程资源存储下来，以适合学生学习的方式来呈现，从而能够让学生在掌握知识的基础上有序地学习。这里的规则可以是相对固定的结构，也可以是动态结构。借助软件或计算机管理教学系统可以帮助教师合理安排学生的学习，动态调整学习内容、呈现顺序与呈现进度。

根据计算机呈现学习内容方式的不同，计算机管理教学可以分为结构化计算机管理教学与智能化计算机管理教学。

结构化计算机管理教学的特征主要体现在：学习内容呈现、教学策略、用户界面等方面通常是一种相对固定的结构。智能化计算机管理教学的特征主要体现在：通常能根据教学目标和学习结果，形成学习者画像，根据学生画像智能推荐需要的学习内容，完善学生的知识体系，以满足对学生个别化教学的需要，类似于智能导师系统（ITS）。

人工智能的发展在教育中必然有广阔的应用空间。如图4-6所示的知识图谱，展示了人工智能能够智能推荐学习资源，设计个别化学习路线，自动评估学生学习结果，实现智能辅导与答疑甚至智能课堂，即实现智能化计算机管理教学。

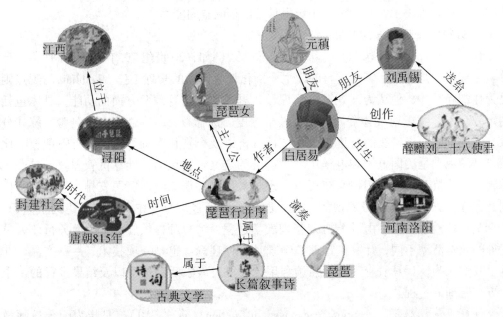

图4-6　知识图谱

（2）监督与管理教学活动

随着信息通信技术的发展，计算机管理教学可以实时监督与管理学生的学习过程及结果，例如，远程监督学习者学习路径，在同一网络环境下甚至还可实现监控学生屏幕；远程开展签到、课堂讨论、抢答、问卷、投票、远程协作等；监督学习的进度，实时获取学生当前学习情况，发布管理作业、测试与考试等。

现代科学技术的发展为监督与管理教学活动提供了便利，管理者在不干扰学生的情况下能实现全程跟踪学生学习状态，不仅仅是面对面教学，也包括远程教学。利用热成像技术可以监控学习者身体和脑部的热力变化，实时发现他们在学习状态和学习情绪上的变化，为教学决策提供参考依据。

（3）收集与分析学生学习情况

计算机管理教学系统可以高效、快速、及时地收集学生参与学习过程的生成性数据，经由系统依据一定的规则进行数据处理，可迅速得出统计结果。例如，纵向记录各学生的学习情况，横向统计全体学生学习情况和每个知识点学生学习情况等，即收集、分析所有与学习活动有关的信息。如图4-7所示，计算机管理教学统计学生阶段性知识点的学习情况。适当地给学生反馈收集到的信息，可以有效防止某些学生学习方法不当、学习深度不够或者学习能力不足等导致的学习结果不理想。

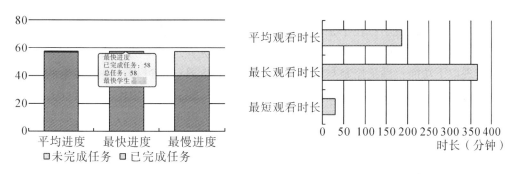

图4-7 计算机管理教学统计学生知识点的学习情况

作业也是反映学生学习成果的重要信息之一，计算机管理教学为教学组织者收集、统计与分析学生的作业等反馈性信息提供了便利，也便于教学组织者开展作业的自评和互评。作业的多元评价能为学生提供更客观和有效的反馈信息，调动学生参与学习的热情和动力，促进学生学习与反思。

（4）设计试题、组织考试和评分

在计算机管理教学环境下，组织考试、评分以及统计分析答题情况变得尤为方便，大大简化了传统教学管理时组织考试的繁琐工作。教师将课程的大量习题存贮于系统题库中，根据考试要求可以自动或手动生成符合条件的试题。教师可以将评分规则设置于评分系统中，系统能实现对学生的回答进行直接评分，迅速完成成绩的统计和分析，但是目前的系统评分还是以客观题为主。计算机管理教学下的评价可以进行教师评价、学生自评与互评，这可以大大增强学生的参与度，提高学习的动力。

（5）评估教学过程和结果

早在1969年，日本学者提出了S-P表分析法（student-problem），这种方法可利用计算机来定量评估教学的效果。计算机辅助教学过程中会产生大量的学习过程与结果的数据，通过对这些数据进行分析比对，教师可以精准掌握学生的学习参与情况、作业完成的质量、知识点掌握情况、参与互动情况以及考试情况等，进而可以评估学生的理解力，改进教学内容和教学方法，实施更有针对性的教学。例如，学校借助大数据终端可以统计出学生每一次考试出错的题目，并对这些题目归属的知识点加以归类，即可得出某学生每一知识点的掌握程度，为学生提供个性化学习手册，这项功能目前在中小学应用比较多见。

大数据、人工智能引入计算机管理教学中，根据学生参与学习全过程的各种数据，例如作业、测验和考试情况，对学习者学习的效果进行分析，然后有针对性地进行补救性教学，给学生分配相应的学习任务，实施个别化教学。

总之，计算机管理教学能够对教学活动全过程以及结果进行全方位的管理，相应地也分为若干个功能模块：教学活动与教学信息的采集、记录和处理模块，教学目标库、教材库、教学资源库和习题库模块，测验生成、测验评分与成绩的分析模块，诊断与处方模块以及调度、控制与通信模块，各模块之间协同工作，保障计算机辅助教学的实施效果。

3. 计算机管理教学典型应用

（1）教学监控系统

不同于集体化教学，在个别化教学中，教师不能及时获取面对面的反馈信息，教学监控就具有了重要的意义。教学监控系统是计算机管理教学的一项关键技术，主要用于实现以下功能：系统控制与管理学生个别化的学习活动过程，跟踪学生的学习行为、记录学习的过程性数据、分析诊断学生的错误根源、评价学生学习目标的达成情况和提供学习分析报告等。教学监控系统主要解决了以下问题：为 CAI 的实现提供必要的管理环境，完成教师在短期内无法完成的工作，或者是传统教学中无法完成的工作。

教学监控系统主要有两种形式：辅助教师监控教学过程的形式和与 CAI 结合的形式。其中，辅助教师监控教学过程的教学监控系统如图 4-8 所示，它通常会内存大量的练习与操练题。教师能借助此系统开展阶段性综合练习和单元测验。人工智能技术助力教学监控系统，可以设计知识的理想型学生模型，将实际学生模型与理想型学生模型相比较，从而挖掘学生出错的根源。根据这些结果来判断学生是否达到相应的教学目标、掌握了相应的知识点，从而适当地调整教学策略。

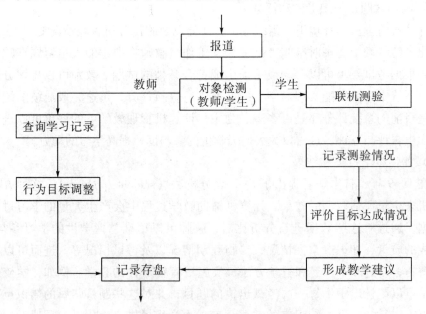

图 4-8 辅助教师监控教学过程的教学监控系统

与 CAI 结合的教学监控系统通常是具备计算机管理教学功能的课件学习系统。如图 4-9 所示，教学监控系统主要用以实现课件系统中的学习控制管理，它能推荐适合的学习路线，保存、管理学习数据，控制学习过程以保证学生能够尽快通过课程的测试。

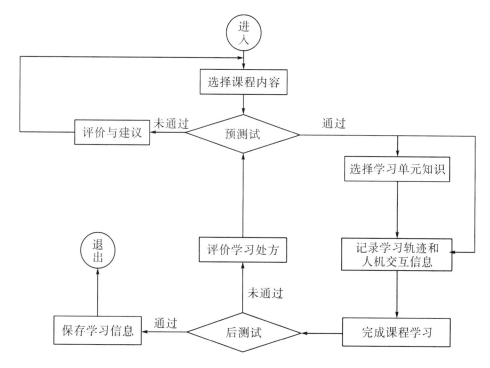

图 4-9　与 CAI 结合的教学监控系统

（2）课堂教学信息处理系统

这是一种能够自动采集、处理和分析课堂教学中学生反应产生的数据的一种实时数据处理系统。系统构成如图 4-10 所示。

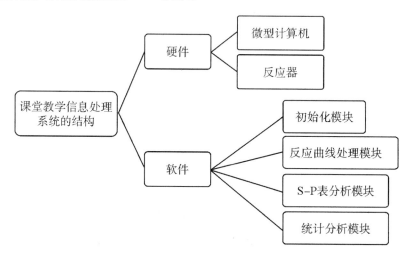

图 4-10　课堂教学信息处理系统构成

此系统能够对学生的反应结果进行处理分析，提供给教师各种有用的信息，有助于授课教师全面了解学生个体乃至班级全体的学习情况，从而能够及时采取措施调整教学策略以提高教学质量。课堂信息处理系统一般工作过程如图4-11所示。

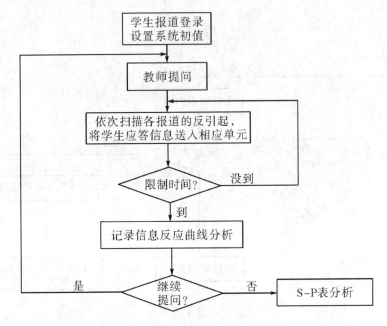

图4-11 课堂信息处理系统工作流程图

（3）计算机辅助测验系统

计算机辅助测验系统（CAT）是计算机在测验以及教学评价中的典型应用。如图4-12所示，它能够帮助教学组织者设计测验和生成考卷，在一定的条件下开展测验，还能对测验结果进行统计分析、管理成绩和形成学习报告。CAT各项功能的实现要以丰富的题库为基础。

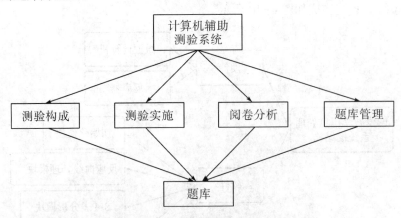

图4-12 计算机辅助测验系统结构

计算机辅助测验系统结构中的测验构成模块主要依据测验目的和试题要求在题库中随机选择测验题目，组成一份或者多份同等级的试卷。测验实施模块根据测验要求把存储在计算机内的某份试卷发送至学生终端。阅卷分析模块主要负责阅卷评分、统计成绩和形成报告（例如学生情况报告、试题和试卷分析报告等）。阅卷分析形成的结论通常很重要，能为教学评价、题库管理以及试卷的生成提供建设性的意见。题库管理模块主要负责输入试题、按一定的试题结构存储试题，同时还包括对题库中题目的维护，如删除、更换、增添以及修改等。

计算机辅助教学的实施离不开计算机管理教学的辅助和支持，二者相结合，形成了全新的现代教育环境，转变了教与学的观念，也为教师的教学模式改革提供了新的途径。计算机管理教学缩短了教学管理活动的执行时间，方便了教师的教学活动管理，避免了人力、物力以及财力的浪费，提高了课堂教学的质量，提升了教育的创新能力，也促进了教育的公平。计算机参与管理教学使得教学管理工作更加规范化、科学化和自动化。大量计算机管理教学系统的开发应用也有助于教学管理工作的规模化和教学活动开展的个性化。

随着人们教与学观念的转变，计算机辅助教育的作用越来越突出，信息社会的发展也为计算机辅助教育带来了更多的机遇与挑战。教育数字化是一种趋势，未来的教育将更加的优质、高效、人性化和科技化。

4.2　数字化教学资源的设计

随着现代信息技术的发展，教育数字化成为当前教育信息化的热点话题，教育资源也进入数字化时代。在计算机辅助教学中，数字化教学资源的设计和制作技术是每一位教师都应该具备的能力和素养要求。数字化教学资源是通过数字化处理，可以在计算机或者网络上传输、利用和管理的教学资源。数字化教学资源涵盖广泛，可以是数字文本、数字图形图像、数字视音频、数字档案、虚拟实验室、在线课程、多媒体课件等多种形式，具有形式多样、获取便捷、资源互动性强、更新快等特点。数字化教学资源在教育中占有的比重越来越大，可以说是教育的主体资源。高质量的数字化教学资源能够极大地改善教学环境，丰富教学手段和形式，促进学生个性化学习，提高教学效果。数字化教学资源的开发主要包括资源设计技术、加工处理技术、整合技术以及评估技术等。有关数字化教学资源的加工处理技术和整合技术的学习，读者可以参考编者的《现代教育技术（中册）》教材，这里我们主要介绍数字化教学资源的设计技术以及评估技术。

4.2.1　多媒体课件的设计

1. 多媒体课件基础知识

（1）多媒体课件的含义

什么是课件？简单理解，就是实施计算机辅助教学时，用于承载教学信息和组织实施教学过程的一类计算机软件。课件具备承担教学内容和教学过程的重要任务，这也决定了课件与一般计算机软件有着明显的差异。课件是在一定的教育理论指导下，根据教学目标设计并且反映某种教学内容和教学策略的计算机软件，通常是编者按照某一思路设计制作、前后连贯、有系统性的教学软件。

随着信息技术的发展，课件具备了"多媒体"的属性，多媒体是指将图文声像集于一体，具有多样化信息表现方式，并且具有一定交互功能的媒体。多媒体课件充分发挥了多媒体的特点，将多种信息表达方式集成在一起，具有表现力丰富、生动、直观、形象、强交互性和共享性等特点，如图4-13所示。

图4-13　多媒体课件案例

计算机辅助教学可以包括多种教学模式，相应地，参与教学的核心构建——课件，也发展出多种类型。根据参与计算机辅助教学活动方式的不同，课件可以分为课堂演示型、自主学习型、教学模拟型、训练与练习型、游戏型、资料工具型等；根据表现形式不同可以分为演示型和交互型；根据课件结构的不同又可以分为固定结构型、动态生成型、数据库型和智能型。在课件开发时，我们首先要明确课件需要发挥的功能，再根据教学内容与学生的特点，来选择课件类型。教师课堂教学使用的课件往往以课堂演示型为主，辅助教师课堂呈现信息，交互功能相对较弱，以学生使用为主的课件则交互功能相对要强大一些。

目前，我国中小学校拥有多媒体教室的占比高达99.5%，多媒体教学已经成为一种普遍的现象，对于提高教学效率、扩大教学规模、促进教育改革和教育公平，具有重要意义。

（2）多媒体课件的作用

①创设情境，激发学习兴趣。

借助计算机的多媒体功能，可以实现全方位、多角度、立体化、交互式的呈现信息，打破了传统课堂教学信息呈现单一枯燥的特点。这有助于激发学生学习的兴趣和积极性，诱发学生积极主动地参与课堂活动、获取信息、集中注意力、激发表达的欲望，从而实现课堂的互动式学习氛围，形成知识的主动建构者，而不再是课堂学习内容的被动接受者。例如，语文课堂学习课文《走一步，再走一步》时，教师通过课件展示攀岩或艰难爬山的图片，吸引学生兴趣，激发学生对生活经验的回忆，更有助于学生设身处地地理解作者的心路历程。再例如，数学课堂学习"百分数的认识"时，教师通过多媒体课件可以呈现牛奶外包装上营养成分表的图片，吸引学生的兴趣，教师再适时提出问题，激发学生的好奇心、求知欲，诱发学生积极主动的学习状态，促进学生学科知识联系生活实践的能力，从而能够积极参与课堂学习。

②直观教学，突破教学重难点。

多媒体课件能够将抽象的、难以理解的学习内容直观和具体地表达出来，更有助于学生信息的主动建构。例如，化学教学中离子反应这一微观过程学生难于理解，计算机辅助教学中可以借助动画，生动直观地将离子互换反应过程生动地模拟出来，有助于学生理解，从而提高课堂效率。物理课堂学习"机械能的相互转化"时，多媒体课件中借助动画表达水力发电这一过程，学生能够听到水流声，看到在波涛汹涌的江河的巨大能量的冲击下，水轮机转动了起来，从而产生了电，认识到水电站的运转过程。多媒体教学不但让学生理解了水力发电原理，更切身感受到保护水资源的重要性，从而树立节约水资源的意识。

③压缩或延伸时空，便于观察细节。

多媒体课件还可以突破时间以及空间的限制，有效地控制课堂节奏的作用。例如，物理教学中平抛运动的过程很快，我们可以借助于计算机来辅助教学，动画模拟这一过程，并且控制动画播放的节奏，甚至可以通过按钮使动画瞬时暂停下来，方便学生观察和开展物理分析。体育教学中学习羽毛球的发球技巧时，计算机辅助教学可以借助视频来表达，正常拍摄羽毛球发球过程，通过后期处理将视频制作成慢镜头，再配合关键动作的文字提示，方便学生观察细节要点，更有效地学习。

随着素质教育的实施，现代教育评价体系更具有开放性，要求学生具有更宽的知识面，计算机辅助教学可以为学生呈现更丰富的信息资源，充分缩短了时空距离，也方便学生获取大量的学习资料，自主地进行探索，有助于学生的全面发展。

④节约时间，提高课堂效率。

多媒体教学中多媒体的信息呈现有助于将学生的注意力集中起来专注于学习本身，化抽象为直观更有助于快速地理解信息。另外，课件通常是课前预先制备的一类资源，例如，数学或物理教学中的图示，教师可以事先绘制，这样课堂上教师与学生会有更多的时间进行互动，有助于提高课堂的效率。

⑤情感目标培养的无缝衔接。

任何一门课程都不能脱离情感、态度与价值观去教育。信息社会的特征之一就是讲求"快文化"，在这种大环境，更需要学生感受到潜在的情感体验，它可以让学生愉快地学习，保持积极的人生态度，情感教育应该自始自终穿插在各学科的教学中。计算机辅助教学可以情景再现，实现趣味性、体验式的学习，促进学生积极参与、自由表达，实现情感的过渡。例如，小学科学课堂上，视频播放我国的航天事业发展历程，能够潜移默化地实现爱国主义的教育；生物教学中，通过视频呈现人与大自然和谐共生的画面，潜移默化地传达敬畏大自然、保护动植物的重要性。

但是我们也要意识到，多媒体教学只是手段，它围绕的核心是课程，是如何让学生更有效地学习，而非为了技术而使用技术。多媒体教学不能以牺牲课程目标的实现为代价。

2. 多媒体课件的设计原则

（1）教学性原则

多媒体课件在教学中发挥着重要的作用，所以课件的设计要从既有助于教师的教，也有助于学生的学的角度出发。

对于辅助教师教学用的课件，要能够根据教学进度灵活改变呈现进程；对于自主学习型课件，要设计及时的计算机交互反馈、帮助或者补救措施。

（2）科学性原则

科学性是课件应遵循的重要原则之一，主要是从知识的准确性上来谈，即不出现知识性错误，内容的选择呈现力求严谨。要做到科学性，需要对内容仔细把关，再三推敲。例如，利用动画来模拟实验过程时要科学，尊重客观实际。课件中的公式、概念、定理、图表等信息表述要遵循事实、准确无误，文字与声音表达准确。

当然，科学性原则不是"一刀切"，科学性主要强调的是尊重规律本身，在这个大前提下，细节上可以做灵活的处理。例如，物理实验的动画模拟原理上要正确，反映实验过程的主要机制，细节上可以有必要的夸张，这样才便于学生观察。

（3）可操作性原则

可操作性即课件要尽可能做到易用、灵活和稳定，便于师生使用。要实现可操作性，需要从课件具体细节入手。例如，课件界面上要设置寓意明确的按钮、菜单和图标，如果寓意不明，则最好有必要的文字说明；操作最好支持鼠标，尽量避免键盘操作；导航简明，避免嵌套太多层次；课件运行环境简单，无需复杂的支持。

另外，需要精心设置必要内容之间的跳转控制，方便使用中前翻、后翻和跳转，减少无意义的跳转控制。课件中最好有声音控制功能，方便使用者关闭某些声音，避免干扰学习或者声音有冲突。

（4）简约性原则

课件在页面信息呈现上要符合视觉心理，突出重点。例如，同一页面上信息量不宜过多，以免主体不突出；要做到动静结合，动态的对象更容易引起学生的注意；页面内容前景与背景有一定的反差、不同级别文字有对比，保证学生能充分的知觉信息。文字抽象且概括性强，应少而精，减少文字显示数量，弱化段落性文字；页面之间要做到错落有致、和谐统一，避免千变万化、哗众取宠。

多媒体课件在教学中容易信息量过大，节奏太快，这会减少学生思考与参与课堂互动的时间。所以一定要注意精简，提供适度的信息量即可。

（5）艺术性原则

优秀的课件作品不仅有助于学生理解，更能为学生带来美的享受。课件应是内容美与形式美的和谐统一，要做到页面结构对称，色彩融合、搭配合理，信息表现与主题协调，有艺术美，如图4-14所示。

图 4-14　多媒体课件的艺术性

（6）与传统教学相结合原则

不是所有教学内容都有必要使用课件来呈现。多媒体教学一定要注意使用的成效，要对传统教学效果有极大的改善，能使学生更有好地学习。传统教学媒体如果已经可以达到相当好的教学效果，也可以考虑采用传统教学。例如，数学公式的推导过程采用粉笔和黑板来组织教学，英语单词教学采用单词卡片等都是不错的选择。所以，多媒体教学要注意辩证对待。

3. 多媒体课件的设计步骤

多媒体课件本质上属于一种计算机软件，但是由于多媒体课件具有教与学的特点，这决定了课件的设计又与一般的计算机软件有所不同。多媒体课件的设计大体遵循五个步骤：选题、课件教学设计、稿本设计、素材制备、课件集成、测试与修改。

（1）选题

多媒体教学一定要更有助于学生学习，要用得巧、用得妙才行，好的选题是课件设计成功的前提。

①选择能够发挥计算机辅助教学优势的主题。

计算机的图文声像功能更方便进行情境创设，通过课件来创设有助于学习发生的特殊情境，这个情境通常来源于生活，是学生身边的现象或问题，有利于激发学生兴趣和积极性，调动起学生已有的知识和生活经验，也有助于学生建立科学知识与生活实践的联系。多媒体课件可以化抽象为直观，提高课堂教学效率，开阔学生视野，拓宽学生的知识面，培养对学科本身的兴趣。例如，物理学习了冲量这个概念以后，教师视频展示冲量这个物理量在军事、交通、科技等方面的应用案例，学生能更全面地感知物理的应用，更深刻地树立学科的学习兴趣。

②选择借助传统教学手段无法讲清楚的主题。

对于传统教学无法讲清楚的内容，如果采用计算机辅助教学能使得这个内容的教学变得容易理解起来，那么这个选题就很有意义。对于那些借助传统教学手段无需花费很大力气就能够讲清楚的问题，就没有必要制作课件，以免造成财力以及人力的浪费。在效果相同的情况下，追求最小代价。

③重点关注教学重点和难点。

多媒体课件直观和具体的信息呈现，能够将抽象、难于理解的学习内容直观和具体地表达出来，更有助于学生理解。可以重点关注教学中的重点和难点，一般教学中的重难点都是难以理解的学习内容，选题时可以思考借助于图文声像来表达，让学生更容易理解和消化。

④课件内容呈现切忌板书的搬家、教材的搬家。

课件使用的目的是要发挥优化教学的作用，能够让学生更好地学习，如果只是单纯地将传统教学板书可以实现的内容原样照搬到多媒体课件上，或者将教材上信息照搬到课件上，那么这样的选题就意义不大。

所以，初步确定了选题，更重要的是进一步分析选题，确定课件需要达到的目标，即课件设计的目标而非教学目标，也就是说如果制作课件，具体在哪些方面可以发挥多媒体课件的优势，将它们一一罗列出来。还需要分析实现以上这些目标的必要性与可行性和分析课件设计的具体需求。

我们要挖掘课题中的知识点任务，选择能够尽可能发挥多媒体课件优势的主题，保证选题的意义。

（2）课件教学设计

课件教学设计这一阶段需要遵循教学设计的一般步骤，形成针对选题的教学设计方案。主要包括以下内容。

①根据教材分析与学情分析的结果确定教学目标。

课件一定是基于教学目标的要求来设计的，所以科学、准确地阐述教学目标是保证课件质量的前提。

②确定教学内容的范围、深度以及教学内容之间的关系。

这一步很重要，它会影响到课件页面信息的呈现顺序和教学资源的选择。一般要根据知识的特点来对内容进行科学的组织，做到条理清楚、脉络分明。

③选择合适的教学策略。

教学策略通常是为了实现预定的教学目标，而对采用的教学顺序问题、教学活动程序问题、教学媒体问题、教学方法问题、教学组织形式问题等的综合考虑。多媒体课件的设计要体现教学策略，即教师怎样教、学生怎样学，它会影响到选择什么样的教学媒体和教学资源。教学策略是多媒体课件区别于教材或板书信息呈现的不同之处，能够集中体现 CAI 的特点，发挥计算机辅助教学的作用。例如，情感目标的实现在设计时通常采用"情景—陶冶"的活动程序，就需要借助多媒体课件的图片、动画或者视频等资源来为学生创设有助于加强情感体验的情景。

教学策略的设计很重要，是教学设计的最重要环节，也就是在这一环节，我们需要具体设计如何将上一步骤中规划的课件设计目标转化为具体的教学活动过程，以实现课件制作的核心目的。

④设计教学信息呈现方式、课堂练习以及必要的信息反馈。

教学策略确定后，还需要确定教学信息呈现顺序与呈现方式，这是教学实施时具体会涉及的细节。教学信息呈现设计通常以教学策略为参考依据，一般按照由直观到抽象、由具体到一般的原则，按照学习者的认知发展规律来安排信息逻辑顺序。

当教学设计时，必要的课堂练习设计也很重要，有助于课堂上及时应用所学知识，巩固知识，课堂练习设计为教师检查学生学习的效果提供了便利，必要时教师可以进行补救性教学。通常要针对具体知识点有针对性地设计典型习题，习题在精不在多。习题设计时还要设计必要的信息反馈，有吸引力的反馈能激发学生学习的热情和动力。

（3）稿本设计

稿本，也叫做脚本，是指作品的底稿或范本，多媒体课件的稿本可以理解为课件的底稿或范本。多媒体课件稿本设计是将教学设计方案进一步创作，最终改编为适合课件的一种表现形式。

在设计多媒体课件稿本时，完整的教学过程将被划分成若干相对独立的单元，例如课堂导入、新课讲授、课堂练习、作业安排等，每个单元依据教学需要设计不同的信息呈现流程，稿本就是各教学单元教学过程的具体体现。稿本可以指导多媒体课件制作全过程，是多媒体课件成功的关键因素之一。

多媒体课件的稿本包括两种：文字稿本和制作稿本。

一是文字稿本。

文字稿本通常由学科教师完成，是对教学设计方案进行改编，按照教学过程的先后顺序，描述多媒体课件每一单元的教学内容及其信息呈现的一种形式，是教学设计思想的课件表达方式的体现。文字稿本没有固定的格式，如表4-1的案例所示，可以通过这些方式记录出来。

表4-1　文字稿本案例一——坐井观天（小学语文）

序号	教学内容	媒体类型	作用	呈现方式
1	封面	图片、文字	呈现课题	文字在图片后单击出现
2	情景导入	动画	引入	单击播放动画
3	初读课文	文字	初步感知课文	文字逐句自动出现
4	识字	文字、声音	示范读音	单击拼音听读音
5	写字	文字、动画	示范书写	单击汉字播放动画，单击页面出现组词
6	字词练习	图片、文字	看图说词语	先呈现图片，单击图片出现词语
7	感知课文	图片、文字	理解课文	先呈现图片，单击页面出现文字

文字稿本案例二——初中生物知识点"肺泡里的气体交换"

形象演示氧气经过肺泡与血液中的二氧化碳进行气体交换的过程。绘制一个图形表示肺泡，肺泡壁上充满着微血管网，血管位于肺泡下方，文字标注各器官名称，用不同图形代表氧气、二氧化碳和红细胞。气体交换前的血管标注为静脉血，气体交换后的血管标注为动脉血，动脉血与静脉血分别用不同颜色表示。红细胞和二氧化碳沿着血管在缓慢移动，氧气进入肺泡中，向下移动穿过肺泡壁进入下方的血管中，与流经的二氧化碳互换位置；进入血管的氧气与其中的红细胞结合在一起变为动脉血并继续向前沿着血管移动，同时血管中的二氧化碳进入肺泡并向上离开肺泡。

二是制作稿本。

制作稿本是对文字稿本的再创作，主要用以明确课件制作的具体方法，它是多媒体课件的最终呈现效果描述。例如，根据多媒体表现语言的特点，具体设计主界面，各界面元素的排版，页面中或者页面与页面之间具体的人机交互与跳转，前景与背景信息或者前景中不同级别文字的色彩搭配、音乐或音响效果、声音主体信息、动画以及视频等各信息及呈现方式的具体要求。所以，制作稿本是最终学习者在计算机屏幕上面看到的具体细节，是制作课件的直接依据。

制作稿本可以用制作稿本卡片的形式表现出来。稿本卡片一般包括四部分：卡片头、屏幕布局、跳转关系说明、制作要求说明，案例如图4-15所示。

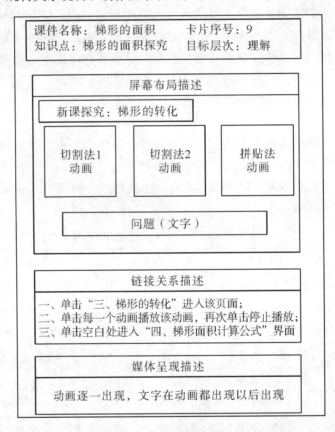

图4-15　制作稿本案例

卡片头：一般要说明课件名称、知识点名称以及当前卡片的序号。其中，卡片序号能体现该卡片在课件页面中的位置。

屏幕布局：此部分主要说明此卡片在计算机屏幕上最终画面的全部信息以及布局，需要设计者根据最终效果要求细致规划出整体的排版，必要的话可以绘制简单的框架图。

跳转说明部分：主要是指课件流程控制的说明性信息，跳转说明指明了各稿本卡片在课件运行中的逻辑关系，为后期制作指明了各教学信息以及不同页面之间的超文本链接方式。

制作要求说明：此部分主要是对屏幕细节信息的具体要求和说明，例如页面上各元素呈现方式的安排、各元素的细节要求等。

（4）素材制备

在此阶段，通常需要根据教学设计、稿本设计的安排，收集和整理需要使用到的各种多媒体素材。这些多媒体素材是能够在课件中用于表达一定教学内容或者教学策略的各种元素，它包括文本、图形与图像、声音、动画、视频等。

切合要求的素材是制作优秀多媒体课件的前提，素材的优劣将会直接影响到多媒体课件的质量。在素材制备时要严把质量关，从满足教学需要和学习者需要的角度出发，选择那些能准确表达教学内容、突出教学主题的资源，切忌盲目追求新颖有趣和制作者个人的喜好，而忽视教学需要。

多媒体课件如果只是用于辅助教师的课堂教学，作为内部使用，不存在版权的问题，可以在网络上下载素材。网络是一个浩瀚的资源库，其中有大量的资源，不乏高质量的素材。同时，我们也可以自己开发素材，例如自己制作动画或者拍照。自己制作的素材通常会更有亲切感，受到学生欢迎，也能够较好地满足制作者的要求。

课件制作者应该养成平时积累素材的习惯，建立自己的资源库，平时看到比较好的学科素材就将它们收集起来，并科学的命名和分类管理，方便以后需要时进行查找。

（5）课件集成

素材收集与制备完成，就可以开始具体的课件制作。课件制作者需要选择一种合适的多媒体创作软件，按照教学流程、课堂结构、制作稿本设计的思路，分模块进行课件各页面的具体制作，最后再为各页面和各模块添加交互和链接，将所有的素材集成为一个有机的整体。

多媒体课件创作软件能够灵活插入文字、图片、动画、视频以及声音等各种信息，并且将它们集成于一体，通过统一的界面呈现。常用的多媒体课件创作软件有以下五种。

①PowerPoint。

PowerPoint 是一种操作简便的多媒体软件，创建的演示文稿也叫做幻灯片，它以"页"为单位完成基本页面的制作，再将制作好的页链接起来，形成一个完整的课件。它是应用最为广泛的一种多媒体创作软件，广泛地应用于教育、学术报告、会议等场所，教师教学用课件也以 PowerPoint 课件为主。

该软件有大量的模板、主题和图形库等，无需花费很长时间就能快速制作出漂亮的作品。针对制作幻灯片，人们也开发出了很多的 PowerPoint 插件，例如 islide、PPT 美化大师、口袋动画等，结合这些插件，可以智能化美化演示文稿，轻松制作出出彩的课件。

我国的网龙网络公司开发出了出了 101 教育 PPT，它是一种服务于教师用户的备授课软件，其中有大量的教学资源以及配套教材版本的课件素材，能够实现一键式备课。该软件对个人用户免费，是广大教师制作演示文稿的"神器"。

随着人工智能技术的发展，现在也出现了一些智能化的幻灯片生成软件或平台，可以请 AI 来帮助老师制作课件。借助图像识别和深度学习等技术，AI 能生成具有专业外观的幻灯片。它可以智能推荐合适的颜色、字体和布局，并确保幻灯片的整体美观度和风格一致性。制作者通过输入课件主题或者导入本地大纲的方式即可快速生成课件文案，这种技术允许制作者修改生成的课件文案，再选择配色方案以及模板，即可快速生成一套高质量的PPT课件。AI生成课件质量的高低取决于模型选择是否可靠以及大语言模型是否掌握最新资讯。

②Adobe animate。

animate是Adobe公司开发的一款比较专业的动画制作软件，它以"时间线"为标准，能实现界面美观、声像并茂、生动有趣的多媒体课件的制作。animate的前身是Flash，是常用的平面动画制作软件，animate去掉了传统flash对Actionscript 2.0的支持功能，新增了HTML 5开发技术和更多的动画方面的小工具，例如口型、镜头等，常用于制作动画型课件。

③Director。

Director是Adobe公司开发的用于制作和播放交互式应用系统、专业多媒体演示和动画的一款工业级标准的多媒体创作软件。与animate相同，它以时间线为基准表示程序中各信息出现的顺序，也通过时间轴设置各类多媒体教学素材的播放。

Director二维动画制作功能强大，跳转控制和交互实现方便，是多媒体创作软件集大成者，广泛应用在教学课件、网页、教育光盘、企业简报等多媒体制作中。Director还兼顾了PhotoShop软件的大部分功能，方便了多媒体创作中的图片处理需求，主要用于制作高技术含量的课件。该软件对使用者要求很高，难度较大，所以在教师中应用并不多见。Director可以调用PowerPoint格式文件，满足了普通群体使用该软件制作课件的需求。

④Focusky。

动画演示大师软件是由中国万彩公司开发的一个多媒体软件，它是一种可视化演示工具，能进行演示文稿和动画宣传视频的制作。与PowerPoint相比较，该软件的突出功能是能进行动画效果的设计。通过缩放、旋转、平移等特效能将传统的二维演示变得生动有趣，创作出简单的动画效果。如果希望制作动画型课件而又对animate或者Director望而生畏时，可以考虑Focusky。

Focusky软件的编辑模式类似PowerPoint，自带丰富的课堂活动（添加测试、小游戏）、3D演示效果、独特的思维导图功能，可以用于课件制作。它内置大量的模板和素材，包括公式符号、图表、音效、角色，除了套用模板，还支持导入PPT来创建工程。它还具有声音合成（文本转配音）、课堂活动交互功能等，使课堂教学更有趣生动。

⑤几何画板。

几何画板是美国Key Curriculum Press公司推出的一款教育软件，它可以构造各种平面或者立体几何图形、函数曲线，可以度量和计算，动态展现几何对象及位置关系，能在运动中保持给定的几何关系，能制作移动或者运动动画，是专业性比较强的多媒体课件创作软件，主要用于数学或者物理课件的制作。

（6）测试与修改

课件集成后，还需要反复调试，检查作品从内容到形式的每一个细节，以发现问题，不断修改和完善作品。制作者也可以在相应的学科组进行预览，或者使用它来试讲试教，依据课件的评价标准评价作品使用过程和效果，记录课件在设计与制作过程中存在的问题，然后修改和完善。多媒体课件测试的目的是发现问题并修改完善，测试是课件质量保障的最后一关，一定要重视。

4. 多媒体课件的评价

多媒体课件评价的目的是衡量课件的内在价值，通常需要依据一定的标准，采用科学方法，对课件进行综合的评定，或通过对教学使用的效果做出分析，从而对其质量和效能做出综合评判。评价是手段而不是目的，多媒体课件评价的目的是提高课件的质量，更好地为课堂教学服务，促进学生学习。

多媒体课件评价标准的制定要遵循客观、合理、全面和公正的原则，在教学性、科学性、技术性、艺术性诸方面做综合考虑。

（1）教学性

教学性是多媒体课件的出发点和归宿，课件使用的目的是改善现有的教学环境及教学过程，调动学生的积极性和学习潜能，以期提高课堂和学生学习的效率，从而促进教学质量和水平的提高。要评价多媒体课件的教学性，可以从以下三方面来进行。

①教学目标。

教学目标应符合教学大纲的要求，完整表现出课堂的知识要求。

教学目标的表述要做到清晰、准确，突出教学重点、难点，详略得当。

软件应指出使用范围和期望学生获得的学习成果。

②教学内容。

思想健康，有利于学生身心发展。

取材适宜，所选择的素材能清晰、准确地呈现，充分表达教学内容，素材覆盖全部内容。

教学内容的选择、表达与组织要能实现预期的教学目标。

内容顺序合理、逻辑关系准确，内容之间过渡顺畅。

内容表达清楚、准确、无误，难易合适。

③教学过程。

教学过程的组织与教学原则相符。

选择的教学方法启发引导性强，能有效地实现预期教学目标。

教学过程能有效发挥计算机作为教学媒体的优势以实现预期目标。

内容的选取和表现适合学生的认知规律和特点，能调动学生的积极性和主动性。

有较好的人机交互体验，便于师生之间或者学生之间的交互和讨论。

有必要的习题设计，题型形式多样，能与教学实践有机结合，注重能力培养。

（2）科学性

科学性是多媒体课件最基本的要求，主要表现为在内容上要求严谨无误，信息表达准确，选用素材要恰当；在表现形式上要符合学生的思维特点和认知规律。具体评价标准有以下四方面。

①概念、定义、原理、公式等论述正确无误，数据与举例真实可靠。

②分析阐述过程要严谨准确，实验与步骤正确无误。

③选取素材真实可靠、效果逼真，能正确反映科学事实。

④文字、符号、单位以及公式等都符合国家标准。

（3）技术性

多媒体课件用于辅助教师的课堂教学或者学生的个别化学习，所以从技术性层面上来讲，要做到功能明确、结构简洁、易于使用、稳定可靠等，这就要求开发人员具备较强的技术能力。技术性可以从以下五方面来分析。

①软件运行环境简单、稳定、可靠、无故障，兼容性好，便于维护和使用。

②界面操作方便、灵活，操作响应时间短。

③导航应用得当、稳定，有必要的帮助信息和容错能力。

④图像稳定，动画视频播放流畅，声音清晰、播放协调，不妨碍学习，视频配合和谐，画面衔接与过渡自然、流畅。

⑤具有一定的交互性。

（4）艺术性

课件的艺术性主要从符合一定的美学原则角度来考虑，即要求界面美观大方、信息呈现赏心悦目，在学习的同时能体验到美的享受和美的熏陶。评价标准有以下三方面。

①课件表现形式多样、生动，手法新颖，有趣味性。

②导航清晰简洁，课件界面设计美观大方，构图合理、画面赏心悦目，表现力强。

③页面元素配合协调，颜色搭配和谐，整体风格统一，视觉效果好。

4.2.2 微课的设计

随着数字视频技术、网络技术、信息与通信技术的发展，互联网进入了"微时代"。微课，这种以视频为载体的新兴教学资源开始出现在教育领域。由于其时长短、内容少且获取方便的特点，微课迅速发展起来，成为计算机辅助教学的重要表现方式之一。

1. 微课的发展

微课（micro lecture），最早起源于美国北爱荷华大学罗伊·A. 麦格鲁（McGrew L. A.）教授提出的 60 秒有机化学课程。而后在 2004 年，可汗学院的孟加拉裔美国人萨尔曼·可汗借助聊天软件和互动写字板等技术浅显易懂地为他表妹讲解数学难题。后来，他把自己的讲解过程制作为视频并分享到网络上，他有意使每个视频时长不超过10 分钟，以保证网友有耐心看，这就是最早的微课。英国最早于 2004 年开始建设微课视频资源库和教师直播电视教学网，视频平均长度在 20 分钟左右，内容涵盖面广、受欢迎程度高。2008 年，美国的彭罗斯（Penrose D.）正式提出了"一分钟视频"的微课概念，他认为微课是基于建构主义，以在线学习或移动学习为目的设计的实际教学内容。教师需要将教学内容与教学目标紧密联系起来设计微课，以产生"更加聚焦的学习体验"。

在国内，2010 年胡铁生首先引进了"微课"这一术语并做出了定义。他认为，微课是以教学视频为主要载体，反映教师在课堂教学过程中针对某个知识点或教学环节而开展教育教学活动的各种教学资源的有机组合。自此开始，微课在国内迅速发展起来，它以在线视频为主要形式，在中小学、高等院校、职业院校，乃至公司企业教育等领域开始了全面建设和研究。佛山市最早开始启动微课建设，在佛山市中小学优秀微课展播平台上征集微课程资源，参与教师达两万人之多，收集到了大量优秀微课，成为微课研究的典型案例。天津市于 2010 年开始向小学开展"空中课堂"项目；广东省也于 2010 年开始建设广东省名师网络课堂；深圳市从 2010 年开始逐步开展优质微课程资源的征集和在线优秀微视频展播活动，建立起了与深圳市中小学指定教学资源同步的、体系化的各科知识微课程资源库。2012 年是我国的微课"元年"，随着"翻转课堂""可汗学院""电子书包""视频公开课""BYOD（让每一个学生自带信息设备来上课）""混合式学习"等教育创新项目在全球的迅速走红，微课迅速成为教育领域关注的热点话题。

微课的产生，主要有以下两方面原因。一方面，信息环境下人与人联系越来越紧密，知识更新和扩充越来越快，形成了人们对知识的旺盛需求；另一方面，网络技术、信息通信技术等的发展，宣告了移动互联网时代的到来，"微文化"诞生，人们借助移动终端获取信息越来越方便，为随时随地学习创造了条件。

微课的核心组成是微视频（课例片段），同时还包括与微视频密切相关的教学设计、课件、教学反思、练习测试、学生反馈等配套辅助资源，它们通过一定的结构与呈现方式共同营造出一个半结构化、主题突出的信息资源"生态环境"。所以，微课是传统单元化教学课例的承袭和再发展。

层面不同、角度不同，微课类型有多种划分方式。根据拍摄手法和制作工具不同可以分为录屏式、手绘拍摄式、实景录制式、动画式。依据课堂教学环节不同可以分为课前预习型、新课导入型、知识理解型、课后拓展型和复习巩固型。根据教学方法不同可以分为讲授型、练习型、实验型、表演型、讨论型、探究型和自学型等。

与微课有关的术语还包括以下三项。

①慕课（massive open online course），即大规模的开放的在线课程，慕课的主要特点是规模大、课程受众面广、免费、自主性强、易于使用。

②私播课（small private online course），即小规模的、限制性在线课程，教学模式上一般以线上+线下混合式为主。慕课免费开放的特点导致课程结课率不高，私播课的出现提高了课程的结课率。私播课一般学生人数较慕课少一些，会设置准入条件，达到要求的学习者才能加入课程学习。

慕课和私播课都是一门课程，它们都是由一个一个的微课，再辅以课件、教案、练习与测试等资源而组成。

③翻转课堂，也叫作颠倒课堂，是一种有别于传统教学理念的课程教学模式，是指重新分配课程内外的学习，赋予学生更多的自由，把基础知识的学习调整到课堂以外，让学生自由选择喜欢的方式完成自学，将体现知识内化的更高层次学习放在课堂上，以便师生之间、学生与学生之间有更多时间进行交流与互动。

翻转课堂模式更符合人类的认知规律，能发挥混合式学习的优势，有助于提高学生的能动性和课堂参与度，构建全新的师生关系，也能促进数字教育资源的有效研发和利用、发挥微课的优势。翻转课堂与传统课堂的对比如表 4-2 所示。

表 4-2　翻转课堂与传统课堂对比

	传统课堂	翻转课堂
教师	知识讲授者、课堂管理者	学习引导者
学生	被动接受知识	主动研究知识
课堂内容	知识讲解	问题探究
教学形式	课堂讲解、课后作业练习	课前自学、课堂探究
课堂组织	内容展示	自主学习、交流反思、协作讨论
教学评价	传统纸质考试	评价主体多元化、评价维度多元、评价形式丰富、重视过程性评价

2. 微课的特点

传统课堂教学通常是面对面进行，在教学时间与空间上具有统一性，微课学习则不同，基本上是借助微视频实现的人机交互式学习，所以通过微课学习具有其典型的特点。微课适用于网络环境下的学习，将微课置于开放的网络环境下，学生在网络这个虚拟环境下可以随时随地实现个别化学习，不再受传统课堂时空等的限制。微课一般适合于课外学生的自主学习，课堂上全程让学生看微课来学习是不可取的。在课堂上，在师生面对面的条件下，更应该有效发挥面对面交流与互动的优势，促进学生高层次目标的实现。例如，采用翻转课堂模式，课前让学生通过微课自主学习基础知识，课上进行交流讨论、学习知识的高级应用，课后再利用微课进行能力拓展性学习。微课因为其短小、精悍的特点能够使学生在短时内迅速掌握知识。它半结构化的特点，更便于后期对学习内容的更新与扩充，这也使得微课程资源始终保持鲜活的生命力。但是我们也要意识到，微课通常是碎片化的学习，较多的体现在学习的开放性和个性化上，它不能代替传统课堂知识的完整性和系统性的特点。

3. 微课设计的原则

（1）微原则

①教学时长要短。

微视频是微课的核心组成，要短小、精悍，微课的教学视频时间短，控制在 5~8 分钟为宜，最好不超过 10 分钟。时长短有助于学习者集中注意力学习，也有助于学生有效利用琐碎的时间，实现碎片化学习。

②教学内容要聚焦。

不同于传统的 40~50 分钟的课堂知识存在复杂、众多且系统化强的特点，微课在内容上要求聚焦，主题突出，聚焦于教学中的某一个知识点。例如，一堂课教学中的重点或难点，再或者教学中学生容易混淆的知识点，反映课堂某一教学环节或某一教学主题的教学活动等。所以微课选题更具体，在内容上更精简，也被称作"微课堂"。

③资源容量要小。

所谓容量小，是从文件大小上来谈，微视频以及配套辅助资源的总数据量一般不超过 100 兆；视频格式应为流媒体格式（例如 mp4）以支持网络在线播放，既方便学生在线观看，也便于下载存储在终端设备用于移动学习和泛在学习。

（2）完整有序

微课虽然教学内容少，但也要具备完整教学活动过程的基本特征，要做到过程完整、结构有序。虽然教学内容少，但是作为教学活动过程，同样要遵循正常的课堂教学流程，要有完整的教学结构和知识结构。教学上要做到课堂引入新颖迅速，讲解过程思路清晰、条理分明、有理有据，课堂练习紧扣学习内容且注重与教学实践相结合，问题解决注重互动引导学生思维，课堂结课简练、有互动性、开拓性和延伸性。虽然是碎片化学习，但在内容上要体现主题内容知识结构的系统性。同时，微课以视频资源来呈现，在表现形式上要遵循视频的一般特点，即包含有片头、正片和片尾三部分、视觉信息丰富、生动有趣，有必要的字幕提示，视听双向立体刺激，确保学习者以饱满的情绪准确获取信息。

（3）互动性

传统课堂师生能够很容易实现交流和互动，微课本质上是一种远程学习，无法实现面对面的交流互动，那么，是否就不需要互动呢？答案是否定的。没有了互动，教学就成为一种单边性的活动，教与学有了距离感，无法有效地沟通。互动分为感官的互动、情绪的互动和理智的互动。微课如何实现互动以缩小师生的距离感呢？微课的互动是以教学过程为基础，实现教师与学生的双向信息沟通的过程。我们一般认为，微课的互动更多应体现为一种思维上的交互，这就需要教师依据学生的认知能力特征和认知结构变量等来进行教学设计和教学实施。必要的练习题也是增强微课互动性的方法之一，教师也可以在视频中增加测试组件以增强学生的参与性。除此以外，教师富有亲切感的形象以及极具亲和力的教学语言也能够有效拉近与学生之间的距离，增强微课的互动性。

（4）以学生为中心

微课在内容设计和内容呈现上要体现以学生为中心，即强调学生视角。强调学生视角可以从以下三点入手。第一，屏幕前的观众就是学生，视听呈现上要以屏幕前的观众为对象，确保学习者的视听感受。例如，画面和声音要清晰、稳定，教师声音有一定的响度，声音不冲突互相干扰，声画同步，画面信息呈现无遮挡，保证学习的观看效果。第二，教学设计上要以学生的思路为依据展开教学活动，课前有必要的学习准备提示，课堂互动要给予屏幕前的学习者一定的思考和准备时间，课后有充分的学习资源提供，以确保学生课后的练习、复习和巩固。第三，微课由于模拟的是一对一的个别化教学，在情感传达上要有亲切感。

4. 微课的设计步骤

微课的设计步骤需要从以下六方面来统筹规划。

（1）确定选题

确定选题是微课开发的首要任务。好的选题是微课成功的基础，选题要聚焦于教学中的某一具体内容，选题要明确，可以选择某一教学中的重点、难点或者教学中一重要环节，选题时要考虑采用多媒体表达的方式，如计算机丰富的图形图像、动画、声音、视频等，以更好地吸引学生注意，激发学生的学习兴趣，进而增强微课的互动性。

（2）微课设计

主要包括三方面：教学设计、微课脚本设计、解说词设计。

任何的课堂都离不开教学设计，微课也不例外。教学设计是保证微课质的关键。在确定选题后，首先要对教学内容及教学活动过程进行设计。教学设计阶段需要考虑教学对象、教学目标、教学任务的细化、教学策略等具体问题。

脚本通常是指表演戏剧、拍摄电影等所依据的底本。微课是采用视频来呈现教学过程的一种数字化资源，同样需要脚本。脚本设计时首先需要确定脚本的类型，是知识原理类、问题解决类、操作技能类还是案例故事类？不同类型脚本的呈现结构不同。例如，知识原理类通常遵循"是什么？为什么？怎样做"的微课结构，问题解决类一般遵循"呈现情景—提出问题—分析问题—讲解方法—得出解决方案"的流程。其次需要理清楚内容的逻辑关系，内容在呈现顺序上要符合人的认识规律，这样才能将课讲清楚。最后，脚本设计在语言上可以适当采用诙谐的表达，使得微课生动而有趣，以拉近教师与学生的距离。

微课的解说词即微课中的讲解性的语言。设计阶段很有必要将解说词归纳整理出来，它具有重要的作用，可以使得教学语言更精炼，保证紧扣主题，也可以使得录制过程更流畅。准备解说词通常需要制作者进一步梳理清晰需要展示的内容、需讲述的要点和使用的技巧，从而使课程更有效。

（3）多媒体资源的准备

微课本质上也属于一类数字化教育资源，在信息呈现上融合图、文、声、像、动画等多种数字元素用以辅助老师突破重难点，因此多媒体资源的准备十分重要。微课教学过程如果需要使用课件，则还需要准备多媒体课件。多媒体课件的制作要考虑到微课最终的画面构图，如果需要教师出镜，则需要课件预留出教师的位置，避免遮挡课件信息，影响学生学习。

（4）视频拍摄和录制

这一环节已经进入微课制作的实质性阶段，需要制作者根据脚本要求采集各种镜头画面与声音信号。画面与声音的质量对微课的呈现效果相当重要，所以要重视拍摄和录制。主要包括录制人像、录制屏幕视频和录制声音。所以需要根据拍摄要求准备好相应的录制设备和拍摄录制环境。

录制人像时要注意录制环境干净整洁，保证充足的光照，同时注意录制背景是否需要抠像。若需要抠像，尽量选择纯色背景并且避免人物服装包含有背景颜色。

录制屏幕视频主要用于录制计算机上的操作过程或者屏幕播放过程。可以利用PowerPoint自带的录屏功能，或者其他的录屏软件。

录制声音时尽量保证录制环境的绝对安静，避免外界杂音的干扰，如果没有声画同步的要求，也可以考虑后期配音。

（5）后期制作

微课的后期制作阶段，需要进行视频的剪辑、去除多余镜头、多轨道画面的合成、制作片头片尾、添加字幕和声音效果等。主题明确的课题、生动富有内涵的片头动画、脉络清晰逻辑严密的正文内容、意义深远首尾呼应的课堂结课和片尾，再加上启发性的字幕，能够充分调动起学生微课学习的兴趣和积极性。视频编辑的软件很多，下面我们来简单介绍一下。

Adobe Premiere 是 Adobe 公司开发的一款专业性强的非线性视频编辑软件，强大的剪辑、音频处理、特效和合成功能，可帮助用户创建高质量的视频内容，例如制作个人视频、广告、电影、甚至是纪录片。该软件比较适合有一定技术基础的用户，可以与 Adobe 的其他软件协同工作，支持多轨道操作和无损输出，适合追求高品质视频输出的用户。

Camstisa 是由美国 TechSmith 公司开发的一款集电脑屏幕录制、视频剪辑于一体的软件。它的录屏功能支持在任何颜色模式下来录制屏幕呈现内容以及屏幕交互过程，包括屏幕上播放的视音频、鼠标操作过程、解说声音等。软件能实现后期剪辑、片头片尾制作、特效与转场添加、字幕、交互式测试、视频输出等功能，且内置大量的模板可供选择，可以说基本上能满足微课制作的所有需求。Camstisa 广泛应用在微课后期制作中。

万彩动画大师是我国万彩公司开发的以动画制作为主的多媒体软件，它主要用于动画型微课的制作。软件界面简洁、操作简单易上手，支持导入 PPTX，内含大量的涵盖多个主题的图片、动画人物、声音、视频背景、精美场景以及动画模板等，能通过简单加工即可制作出生动、有趣且炫酷的微课视频。万彩公司开发了多款多媒体软件，如果是制作真人出镜类微课，则推荐使用万彩特效大师，它具有屏幕视频与人像同时录制、视频剪辑、特效制作多种功能，支持智能抠像，微课制作中的基本需求都能够实现，例如剪辑、降噪、字幕、配音、转场、添加特效、片头片尾等。

剪映是一款操作简单、实用性强的视频后期制作软件，既支持手机端也支持 PC 端，它可以轻松地添加片头、音效、字幕等，支持自动识别字幕，可方便地实现同步字幕。

如果只是制作纯录屏式微课，也可以考虑采用 PowerPoint、Snagit 或者 EV，通过纯录屏制作简单的微课。

微课后期制作时，我们也可以考虑将这些软件综合起来使用，发挥每种软件的优势。例如，利用 Adobe After Effect 或者万彩动画大师强大的动画功能制作微课的片头片尾，再利用 Camstisa 将制作的片头片尾导入进来进行微课的后期制作。

（6）教学反思

与传统教学相同，微课也需要教学反思。在反复观看微课或者教学试用时，及时收集和听取学生观看后的感受，对于反馈的问题进行归类分析，必要时不断修改和完善微课。

5. 微课的评价

微课的评价一般从选题、教学设计、教学过程、教学效果和作品规范五方面来进行。

（1）选题

①选题明确。微课选题要紧扣教学大纲来选择，聚焦于教学中某个知识点、某一教学环节或者某一实验活动来展开，具有独立性、完整性和示范性，能突出微课的视频学习特点。

②选题典型。选题要足够典型，围绕常规学习内容中的常见的、有代表性的问题或知识点，选择有助于解决教学过程中的重点、难点和疑点的主题。

（2）教学设计

教学设计是微课评价的重要角度。良好的教学设计能够保证清晰的教学目标，合理的知识结构、逻辑严密紧凑的学习过程，微课的教学设计可以从以下六方面具体评价。

①教学目标明确，既突出知识点要求，也涵盖能力要求和情感态度等目标。

②教学设计要突出解决主题问题这个重点，内容选择合理、结构流畅、策略得当，符合学生认知特点和学科人才培养要求。

③教学内容选择清晰、准确，有深度和广度，能涵盖全部知识点要求，实现既定教学目标。

④教学内容组织有条理，各教学环节合理、简洁，重点突出，逻辑性强，清晰呈现知识点之间关系，时间分配合理。

⑤能充分发挥信息技术、数字资源、信息化教学设施的优势，系统优化教学过程。

⑥概念描述要科学严谨，符号、公式、单位等都符合国家标准和出版规范；无侵权问题，无敏感性话题导向。

（3）教学过程

①教学过程脉络清晰，深入浅出，形象生动，逻辑性强。

②教学方法与组织恰当，教学内容与呈现科学准确，教学环节与过渡顺畅。

③能灵活、充分地使用信息化教学和数字化资源，课堂效果好。

④课堂信息反馈及时。

⑤教学过程中语言表达流畅自然，演示操作清晰，能有效引导学生积极思考问题、分析和解决问题。

（4）教学效果

微课的质量，很大程度上体现在学习者的学习体验上，即是否有效促进了学生学习，实现了预定目标。所以教学效果的优劣，是微课评价的重要方面之一。

①目标达成。

微课的教学过程要能有效达到预定的教学目标，能有效解决实际教学问题，提升学生思维的和能力，既方便学生自学，也方便教师教课堂使用。

②特色创新。

微课具有创新性，体现新教材教学方法，过程深入浅出、形象生动，精彩有趣。

教学过程启发性和引导性强，有助于提升学生的自主与协作学习能力。

微课教学理念先进，课堂设计新颖，实现优化教学的技术特色突出且实用，示范性和应用性强。

（5）作品规范

①技术规范。

视频结构完整，片头有微课标题，片头片尾时长合理。

视频不超过 10 分钟，画面清晰，图像稳定，构图合理，制作美观。

声音无噪声、清晰、效果好，声画同步，有必要的字幕提示。

②语言规范。

教学语言要做到标准、规范、流畅、精炼、富有感染力，声音清晰且有一定的响度。

③微课完整。

微课有一定的独立性和完整性。

作品除微课视频以外，提供有微课配套的辅助扩展资料，例如微教案、微习题、微课件、微反思等，便于其他教师借鉴、交流和使用。

思考与练习

1. 计算机辅助教育的发展经历了什么样的过程？各发展阶段有什么特点？学习理论基础分别是什么？

2. 简述计算机管理教学的功能。

3. 试简要分析计算机辅助教学相较于传统教学教师作用的转变。

4. 多媒体课件制作中脚本的作用是什么？选择一个课件主题，设计课件的文字脚本和制作脚本。

5. 与传统教学相比较，微课教学有什么不同。

6. 选择自己学科的一个主题，根据微课的设计步骤，完成一个微课的制作。

附 录

中华人民共和国教育行业标准 JY/T0646—2022

教师数字素养

Digital literacy ofteachers

2022-11-30 发布

2022-11-30 实施

中华人民共和国教育部 发布

教师数字素养

一、范围

本文件给出了教师数字素养框架，规定了数字化意识、数字技术知识与技能、数字化应用、数字社会责任、专业发展五个维度的要求。

本文件适用于对教师数字素养的培训与评价。

二、规范性引用文件

本文件没有规范性引用文件。

三、术语和定义

下列术语和定义适用于本文件。

1. 教师数字素养（digital literacy of teachers）

教师适当利用数字技术获取、加工、使用、管理和评价数字信息和资源，发现、分析和解决教育教学问题，优化、创新和变革教育教学活动而具有的意识、能力和责任。

2. 数字技术资源（digital technology resources）

在教育教学中使用的通用软件、学科软件、数字教育资源、智慧教育平台、智能分析评价工具、智能教室等数字教育产品的统称。

四、教师数字素养框架

教师数字素养框架包括 5 个一级维度、13 个二级维度和 33 个三级维度，见图 1。一级维度包括：数字化意识、数字技术知识与技能、数字化应用、数字社会责任，以及专业发展。每个一级维度由若干二级维度组成，每个二级维度由若干三级维度组成。

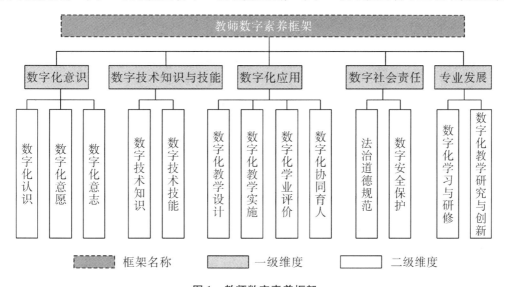

图 1　教师数字素养框架

1. 数字化意识

（1）概述

客观存在的数字化相关活动在教师头脑中的能动反映，包括数字化认识，数字化意愿，以及数字化意志。

①数字化认识。

教师对数字技术在经济社会及教育发展中价值的理解，以及在教育教学中可能产生新问题的认识，包括理解数字技术在经济社会及教育发展中的价值以及认识数字技术发展对教育教学带来的机遇与挑战。

②数字化意愿。

教师对数字技术资源及其应用于教育教学的态度，包括主动学习和使用数字技术资源的意愿，以及开展教育数字化实践、探索、创新的能动性。

③数字化意志。

教师在面对教育数字化问题时，具有积极克服困难和解决问题的信念，包括战胜教育数字化实践中遇到的困难和挑战的信心与决心。

（2）维度

数字化意识的二级维度及三级维度见表1。

表1　数字化意识维度

一级维度	二级维度	三级维度	描述
数字化意识	数字化认识	理解数字技术在经济社会及教育发展中的价值	了解数字技术引发国际数字经济竞争发展；理解数字技术推动教育数字化转型的重要意义
		认识数字技术发展对教育教学带来的机遇与挑战	认识到数字技术正在推动教育创新发展；意识到数字技术资源应用于教育教学过程会产生教学理论、教学模式、教学方法方面的创新要求，以及可能出现伦理道德方面的问题
	数字化意愿	主动学习和使用数字技术资源的意愿	主动了解数字技术资源的功能作用，有在教育教学中使用的愿望；理解合理使用数字技术资源能够推动教育高质量发展
		开展教育数字化实践、探索、创新的能动性	具有实施数字技术与教育教学融合的主动性，愿意开展教育教学创新实践
	数字化意志	战胜教育数字化实践中遇到的困难和挑战的信心与决心	能够战胜教育数字化实践中面临的数字技术资源使用、教学方法创新方面的困难与挑战，坚信并持续开展数字化教育教学实践探索

2. 数字技术知识与技能

（1）概述

教师在日常教育教学活动中应了解的数字技术知识与需要掌握的数字技术技能，包括数字技术知识，以及数字技术技能。

①数字技术知识。

教师应了解的常见数字技术知识，包括常见数字技术的概念、基本原理。

②数字技术技能。

教师应掌握的数字技术资源应用技能，包括数字技术资源的选择策略及使用方法。

（2）维度

数字技术知识与技能的二级维度及三级维度见表2。

表 2　数字技术知识与技能维度

一级维度	二级维度	三级维度	描述
数字技术知识与技能	数字技术知识	常见数字技术的概念、基本原理	了解常见数字技术的内涵特征，及其解决问题的程序和方法。例如，了解多媒体、互联网、大数据、虚拟现实、人工智能的内涵特征，及其解决问题的程序和方法
		数字技术资源的选择策略	掌握在教育教学中选择数字化设备、软件、平台的原则与方法
	数字技术技能	数字技术资源的使用方法	熟练操作使用数字化设备、软件、平台，解决常见问题

3. 数字化应用

（1）概述

教师应用数字技术资源开展教育教学活动的能力，包括数字化教学设计、数字化教学实施、数字化学业评价以及数字化协同育人。

①数字化教学设计。

教师选用数字技术资源开展学习情况分析、设计教学活动和创设学习环境的能力，包括开展学习情况分析，获取、管理与制作数字教育资源，设计数字化教学活动，以及创设混合学习环境。

②数字化教学实施。

教师应用数字技术资源实施教学的能力，包括利用数字技术资源支持教学活动组织与管理、优化教学流程以及开展个别化指导。

③数字化学业评价。

教师应用数字技术资源开展学生学业评价的能力，包括选择和运用评价数据采集工具、应用数据分析模型进行学业数据分析以及实现学业数据可视化与解释。

④数字化协同育人。

教师应用数字技术资源促进学校家庭社会协同育人的能力，包括学生数字素养培养，利用数字技术资源开展德育、心理健康教育，以及家校协同共育。

（2）维度

数字化应用的二级维度及三级维度见表 3。

表 3　数字化应用维度

一级维度	二级维度	三级维度	描述
数字化应用	数字化教学设计	开展学习情况分析	能够运用数字评价工具对学生的学习情况进行分析。例如：应用智能阅卷系统、题库系统、测评系统对学生知识准备、学习能力、学习风格进行分析
		获取、管理与制作数字教育资源	能够多渠道收集，并依据教学需要选择、管理、制作数字教育资源
		设计数字化教学活动	能够依据教学目标，设计融合数字技术资源的教学活动
		创设混合学习环境	能够利用数字技术资源突破时空限制，创设网络学习空间与物理学习空间融合的学习环境
	数字化教学实施	利用数字技术资源支持教学活动组织与管理	能够利用数字技术资源有序组织教学活动，提升学生参与度和交流主动性
		利用数字技术资源优化教学流程	能够使用数字工具实时收集学生反馈，改进教学行为，优化教学环节，调控教学进程
		利用数字技术资源开展个别化指导	能够利用数字技术资源发现学生学习差异，开展针对性指导
	数字化学业评价	选择和运用评价数据采集工具	能够合理选择并运用数字工具采集多模态学业评价数据
		应用数据分析模型进行学业数据分析	能够选择与应用合适的数据分析模型开展学业数据分析
		实现学业数据可视化与解释	能够借助数字工具可视化呈现学业数据分析结果并进行合理解释
	数字化协同育人	学生数字素养培养	能够指导学生恰当地选择和使用数字技术资源支持学习，注重培养学生的计算思维和数字社会责任感
		利用数字技术资源开展德育	能够利用数字技术资源拓宽德育途径，创新德育模式
		利用数字技术资源开展心理健康教育	能够利用数字技术资源辅助开展多种形式的心理健康教育活动。例如：利用数字技术资源辅助开展心理健康诊断、团体辅导、心理训练、情境设计、角色扮演、游戏辅导
		利用数字技术资源开展家校协同共育	能够利用数字技术资源实现学校与家庭协同育人，主动争取社会资源，拓宽育人途径

4. 数字社会责任

（1）概述

教师在数字化活动中的道德修养和行为规范方面的责任，包括法治道德规范以及数字安全保护。

①法治道德规范。

教师应遵守的与数字化活动相关的法律法规和道德伦理规范，包括依法规范上网、合理使用数字产品和服务以及维护积极健康的网络环境。

②数字安全保护。

教师在数字化活动中应具备的数据安全保护和网络安全防护的能力，包括保护个人信息和隐私、维护工作数据安全以及注重网络安全防护。

（2）维度

数字社会责任的二级维度及三级维度见表4。

表4　数字社会责任维度

一级维度	二级维度	三级维度	描述
数字社会责任	法治道德规范	依法规范上网	遵守互联网法律法规，自觉规范各项上网行为
		合理使用数字产品和服务	遵循正当必要、知情同意、目的明确、安全保障的原则使用数字产品和服务，尊重知识产权，注重学生身心健康
		维护积极健康的网络环境	遵守网络传播秩序，利用网络传播正能量
	数字安全保护	保护个人信息和隐私	做好个人信息和隐私数据的管理与保护
		维护工作数据安全	在工作中对学生、家长及其他人的数据进行收集、存储、使用、传播时注重数据安全维护
		注重网络安全防护	辨别、防范、处置网络风险行为。例如：辨别、防范、处置网络谣言、网络暴力、电信诈骗、信息窃取行为

5. 专业发展

（1）概述

教师利用数字技术资源促进自身及共同体专业发展的能力，包括数字化学习与研修以及数字化教学研究与创新。

①数字化学习与研修。

教师利用数字技术资源进行教育教学知识技能学习与分享，教学实践反思与改进的能力，包括利用数字技术资源持续学习、利用数字技术资源支持反思与改进以及参与或主持网络研修。

②数字化教学研究与创新。

教师围绕数字化教学相关问题开展教学研究以及利用数字技术资源实现教学创新的能力，包括开展数字化教学研究以及创新教学模式与学习方式。

（2）维度

专业发展的二级维度及三级维度见表5。

表 5　专业发展维度

一级维度	二级维度	三级维度	描述
专业发展	数字化学习与研修	利用数字技术资源持续学习	根据个人发展需要，利用数字技术资源开展学习。例如：利用数字教育资源进行学科知识、教学法知识、技术知识、教育教学管理知识的学习
		利用数字技术资源支持反思与改进	利用数字技术资源对个人教学实践进行分析，支持教学反思与改进
		参与或主持网络研修	参与或主持网络研修共同体，共同学习、分享经验、寻求帮助、解决问题
	数字化教学研究与创新	开展数字化教学研究	针对数字化教学问题，利用数字技术资源支持教学研究活动
		创新教学模式与学习方式	利用数字技术资源不断创新教学模式、改进教学活动、转变学生学习方式

参考文献

陈友良，陈庆章，2004. 计算机管理教学的概念、组成和发展方向 [J]. 黑龙江高教研究 (4)：79-81.

付明柏，2012. 计算机辅助教学多媒体课件制作教程 [M]. 北京：科学出版社.

何光普，唐前军，2013. 现代教育技术：上册 [M]. 武汉：武汉大学出版社.

何克抗，郑永柏，谢幼如，2002. 教学系统设计 [M]. 北京：北京师范大学出版社.

何克抗，2000. 计算机辅助教育 [M]. 北京：高等教育出版社.

何克抗，2002. 教育技术学 [M]. 北京：北京师范大学出版社.

加涅，1992. 教学设计原理 [M]. 上海：华东师范大学出版.

李海峰，王炜，吴曦，2018. AECT2017 定义与评析：兼论 AECT 教育技术定义的历史演进 [J]. 电化教育研究，39 (8)：21-26.

李克东，2002. 新编现代教育技术基础 [M]. 上海：华东师范大学出版社.

李志鹏，2013. 计算机管理教学 (CMI) 的设计和进展 [J]. 信息通信 (5)：121-122.

林士敏，2007. 计算机辅助教学教程 [M]. 南宁：广西科学技术出版社.

梅瑞尔，1996. 教学设计宣言 [M]. 上海：华东师范大学出版社.

聂明，2013. 分析计算机辅助教学和计算机教学管理 [J]. 科技资讯 (34)：176-177.

皮连生，2000. 教学设计：心理学的理论与技术 [M]. 北京：高等教育出版社.

曲惠勤，秦建兴，2010. 计算机辅助教育研究进展 [J]. 合肥师范学院学报，28 (6)：71-73.

师书恩，2004. 计算机辅助教学 [M]. 北京：高等教育出版社.

师书恩，2004. 信息技术教学应用 [M]. 北京：高等教育出版社.

王建华，盛琳阳，李晓东，2005. 计算机辅助教学应用教程 [M]. 北京：高等教育出版社.

魏然，2019. 浅析计算机技术对高校教学管理的影响 [J]. 信息记录材料，20 (2)：158-159.

谢春明，2011. 现代教育技术及案例应用 ［M］. 天津：天津教育出版社.

张剑平，2006. 现代教育技术：理论与应用 ［M］. 北京：高等教育出版社.

张琴珠，郁晓华，2010. 计算机辅助教育 ［M］. 北京：高等教育出版社.

祝智庭，2002. 现代教育技术：走向信息化教育 ［M］. 北京：教育科学出版社.